사별의 슬픔을 극복한 창조적 그림그리기

Malen
um zu überleben

치유로서의 그림

Christa Henzler & Ingrid Riedel 공저
정여주 역

학지사

Malen um zu überleben
by Christa Henzler and Ingrid Riedel

First published as MALEN UM ZU ÜBERLEBEN in Germany in 2003 by
Kreuz Verlag GmbH & Co. KG, 70565 Stuttgart, part of Verlagsgruppe Dornier GmbH

This translation of MALEN UM ZU ÜBERLEBEN first published in 2003 is published
by arrangement with Kreuz Verlag GmbH & Co.
KG, 70565 Stuttgart, part of Verlagsgruppe Dornier GmbH

■ 역자서문

이 책의 번역을 마친 날은 굵은 비가 하루 종일 내렸다. 앞을 가리는 빗길을 걸으며 이 책에서 만났던 여성들의 심정과 그들의 그림을 마음속에서 다시 한 번 끄집어 내 보았다. 그들의 눈물도 이렇게 앞을 보기 어렵게 하는 빗줄기처럼 쉴 새 없이 가슴을 적셨으리라는 생각이 들었다. 번역 초기에는 사별의 슬픔이 극도에 달한 상황에서 그림을 그린다는 것을 상상하기 어려웠지만, 그들의 작업을 보면서 점점 더 그들의 마음과 하나가 될 수 있었고, 내가 경험했던 비슷한 상황들을 회상하느라 한동안 작업을 멈추기도 했던 시간들이 떠올랐다.

마음속으로 수많은 그림을 그리는 것과 실제로 종이와 붓과 색을 선택하여 그림을 그리는 것이 얼마나 다를 수 있는가를 다시금 경험한다. 그림으로 마음과 정신을 치유할 수 있다는 것도 다시 한 빈 보게 된다. 마음속 깊은 곳에서 우러나오는 소리와 심상을 그림으로 그려 본 사람들이라면, 그러한 시간이 자신의 마음을 쓰다듬어 주고 진정시켜 주는 것을 체험했으리라 믿는다. 누구에게 보이기 위해서, 전시회에 출품하기 위해서 그림을 그리는 것이 아니라, 온전히 자신의 마음이 가는 대로 그림을 그린 적이 있는 사람이라면 마음의 치유가 어떤 것인지 알고 있을 것이다. 우리는 적지 않은 예술가들의 이러한 삶을 알고 있다.

예술의 치유적인 힘은 아주 오래전부터 알려져 왔는데도 우리는 이것을 늘 낯설어한다. 그런 사람들에게 예술의 깊고 넓은 바다를 먼저 들어가 보라고 권하고 싶다.

수영을 할 줄 몰랐던 이 책의 주인공들은 감히 깊이를 알 수 없는 바다에 들어가, 그 안에서 연필과 색과 붓이 구명조끼가 되는 것을 경험하게 된다. 그들은 이제까지 알지 못했던 신비한 바닷속을 들여다보며, 그곳에서 자신과 사랑하던 사람들을 만나게 되면서 삶과 죽음의 의미를 강렬하게 경험하고 다시 육지로 되돌아오게 되었다. 그들은 이제 헤엄을 칠 수 있다. 그들은 육지에 서서 헤엄쳐 왔던 바다를 뒤돌아보며 몸과 마음을 턴다.

빗속의 산책에서 돌아올 때쯤에는 바다에서 이제 막 나온 주인공들에게 풍기는 소금기를 느낄 수 있었다. 슬프지만 아름다운 동화책을 읽은 느낌이다.

마음의 세계를 들여다보는 좋은 책을 만들기 위하여 열정을 다하시는 학지사 김진환 사장님과 더불어 일하시는 학지사 가족들, 특히 성의를 다해 주신 편집부 이지혜 과장님에게 감사를 드린다.

2006년 1월에

■ 저자서문

애도 극복에 관한 서적들이 많은 가운데 또 이 주제를 다룬 책을 편찬하는 이유는 무엇인가?

우리는 이 책을 통해서 상실위기에 처해 있거나 사별의 슬픔을 극복하려는 사람들이 그림으로써 자신들의 감정을 표현하고, 애도 과정을 견딜 수 있게 도와주는 치유의 상징들을 발견하도록 자극을 주며 격려하고자 한다.

더불어 이 책이 무엇보다 사별의 슬픔을 겪는 사람들과 동행하며, 그들이 그것을 극복하기 위해 그림을 그리고 조형 활동을 하도록 자극을 주려는 미술치료사, 미술교육자에게도 도움이 되었으면 한다.

이 책의 주제는 사별과 애도며, 나아가 그러한 충격을 진정시키고 이겨 낼 수 있는 방법을 제시하는 것이다. 우리는 사별의 슬픔을 겪고 있는 사람들이 자신들의 감정을 표현하기 위해 스스로 그림을 그리는 것이 자신들에게 얼마나 큰 도움이 되었는지 알고 있다. 그뿐 아니라 이러한 자발적 그림은 사별로 인해 혼자 남겨진 이들이 그 고통의 시간을 견뎌 내는 데도 도움이 된다.

이 책에서는 사람들이 사별의 슬픔을 극복하기 위하여 스스로 그림을 그리는 것의 의미를 그들의 그림 시리즈를 따라가며 구체적으로 소개하고자 한다. 여기서 상을 당한 사람들은 자발적으로 그림을 그림으로써 가슴을 미어지게 하는 감정들을 풀어놓을 수 있고, 해결하지 못한 채 가슴속에 묻고 있던 것들을 표현하며, 무엇보다 상실과 이별을 겪은 후에도 혼자서 살아가야 하는 의미 상징들을 그림에서 단계적으로 발견할 수 있다.

자발적으로 그리는 그림과 애도작업은 아주 밀접하게 연결되어 있어서, 애도작업으로서의 자발적 그림에 대해 소개하고자 한다. 그러나 이것은 이 책의 출판을 위한 시도라기보다는 오히려 상을 당한 사람들이 스스로 그려서 보여 준 가슴 뭉클한 그림들을 통해서 발견하게 된 것이다. 그들은 그림을 통하여 사별의 슬픔을 이겨 내고 점차 그러한 이별을 이해하고자 하였다.

먼저 자살로 자식을 잃고 망연자실한 두 어머니의 사례를 소개하려 한다. 아들과 딸의 자살로 사별을 경험한 이 여성들은 당시의 고통스런 충격을 그림으로 그려 보여 줌으로써 우리를 가슴 뭉클하게 하였다.

Christa Henzler는 두 여성의 그림들을 본 후에 당사자들과 그 그림에 대해 대화를 나누었으며, 그렇게 함으로써 그림들이 의미하는 것들을 검증할 수 있었다. 두 여성은 충격과 슬픔을 이겨 내기 위하여 그린 그림들에 대해 이야기하였다. 이러한 대화 중에 많은 부분이 이 책에 그대로 인용되기도 하였는데, 이것은 그림을 해석하고 증명하는 데 필수적 요인으로 작용하였다. 이 시리즈들은 정확하고도 면밀한 자료 제시로 확실한 치유과정을 보여 준다.

다음으로 Ingrid Riedel은 사별과 애도사례에 관한 두 개의 그림 시리즈를 다루고 그 그림들에 대한 해석을 덧붙인다. 이 시리즈는 사별 상황에 처한 많은 사람들이 자주 겪는 고통스런 과정에 관한 것이다. 첫 번째 사례에서는 한 여성이 암투병을 하던 남편을 다른 세상으로 떠나보내야 하는 상황에서 그림을 그림으로써 고통을 극복해 가는 과정을 보여 준다. 또 다른 사례에서는 한 중년 여성이 늙으신 어머니의 임종과정에 동행하면서 어머니가 임종을 의미 있게 맞이할 수 있도록 도와주며, 그러한 과정을 그림으로 그렸다. 그리고 어머니가 돌아가신 후에도 자신이 느끼는 것을 바로 그림으로 표현하였다. 이 상황에서 그림은 딸의 복받치는 감정과 모순된 감정을 담는 그릇이며, 죽음과 화해하는 매개체 역할을 한다. 무엇보다 상징적 의미가 점점 더 강렬히게 묻어 나왔넌 마지막 그림들은 오래전부터 알려진 나비에 대한 변화 상징과 부활 상징이 예상치 못하게 자신의 손 끝에서 아무런 목적 없이 저절로 그려지는 과정들을 보여 준다. Ingrid Riedel은 어머니와 남편의 임종과정을 겪는 이 두 여성들과 치료적 목적으로 동행하였으며, 이러한 맥락에서 그려진 그림들에 대해 당사자들과 대화를 나누었다.

Christa Henzler는 이 책의 끝부분에서 자발적으로 그리는 그림, 특히 사별과정과 애도과정에서 그리는 그림의 치유적인 효과요인들과 치료제로서의 자발적 그림그리기의 치료적 의미들을 분석하여 정리하였다.

마지막으로 Heinrich Heine의 시구를 음미하면서 우리는 그 의미를 이해하고자 한다.

"창작으로 나는 회복할 수 있었고,
창작으로 나는 건강하게 되었다."

Christa Henzler, Ingrid Riedel
2003년 1월에

■ 차 례

Christa Henzler

치료제가 되는 그림그리기

사별 극복을 위한 자발적 그림그리기 사례

권두언

Christa Henzler

아들과 딸을 잃은 두 여성은 자식들이 세상을 떠나고 난 후에 그림을 그리기 시작하였다. 그들은 먼저 그림의 형태와 색으로 믿기 어려운 사실을 이해하려고 했으며, 자신들의 감정을 풀어내어 형상화하였다. 또한 그들의 기억과 향수가 깃든 내적 심상에서 자식들을 다시 만나려 하였으며, 그림에서 그것을 생생하게 심화하는 작업을 하였다. 그런 다음에야 그들은 자식과의 이별을 받아들일 수 있었으며, 절망하지 않고 서서히 사별의 슬픔을 이겨낼 수 있었다.

그들은 하나같이 애도기간 중에 그림을 그리면서 정서적으로 이완되고 마음의 위로를 얻었다는 경험담을 전했다.

애도기간 중에 그려진 그림들은 치료적 관점에서 그린 것이 아닌, 그들의 깊은 내적 욕구에 의해서 자발적으로 만들어진 그림들이다.

나는 나에게 강렬한 인상을 심어 준 두 그림 시리즈에 대해 그들과 대화를 나누었다. 대화과정 중에 두 가지 사항이 나의 관심을 끌어 문제를 제기하도록 만들었다. 그것은 자발적 그림그리기라는 창의적 과정 중에서 어떤 요소들이 치유적 역할을 하며, 자식을 잃은 정신적 충격의 상황에서 그림그리는 것이 어떻게 치료적 효과를 증명할 수 있는가 하는 점이다. 즉, 나의 관심사는 자발적 그림그리기에서 경험하는 자기 스스로 치료사가 될 수 있는 가능성, 다시 말해서 자기조절과 자기치유의 힘을 좀 더 깊이 연구하는 것이다.

두 여성에게서 그림그리기는 사별한 자식에 대한 슬픔을 극복하는 데 아주 중요한 요소가 되었다. 그렇기 때문에 나는 두 여성의 그림 해석에 있어서도 상실 극복과 특별히 더 관련 있는 점들을 끄집어내려 하였다.

나의 논제는 상실과 그에 관련된 퇴행을 통하여 나타나는 영적 재료와 잠재력을 그림을 그리는 과정에서 정서적으로 경험하며, 판타지를 통하여 변화되고 조형 활동으로 구조화되고 상징화에 의해 변형되며, 나아가 새로운 자기와의 관계와 세계와의 관계를 다시 이룩할 수 있도록 하는 것이다. 이 책과 관련하여 언급하려는 것은 자발적으로 그려진 그림, 즉 무의식으로부터 그려진 그림에 관한 것이다. 이러한 그림은 기분과 인식에 의해서, 표현하고 싶은 욕구에서, 구체화되길 바라는 영적 압력이나 내적 심상에서 그려진 것들이다. 여기에 제시되는 두 사례는 상중에 있는 두 여성이 그들의 내적 요구에 의해서 자발적으로 그림을 그리기 시작한 경우다.

나의 입장을 확실하게 하기 위하여 먼저 다음과 같은 관점을 강조하고자 한다. 즉, 나는 Jung 심리학의 관점에서 그림치료를 이해하고 임상에 임하는 치료사로서 이 글을 쓰지만, 동시에 많은 다른 그림치료 교육과정, 개인적으로 그림을 그린 경험, 그림에 대한 다양한 대화와 토론 그리고 그것들을 치료적으로 이용한 여러 경험을 함께 모아 글을 쓴다는 것을 다시 한 번 강조하고 싶다. 나는 지난 15년간 자발적으로 그려진 많은 그림들에 심취하여 그것들을 깊이 들여다보았으며, 그림을 그린 사람들과 이야기를 나누었다.

그림과 상실 체험에 대한 작업을 어떻게 서로 관련지을 수 있는가 하는 물음에 대한 어떤 전문서적도 찾을 수 없기 때문에, 아직 이 분야는 미개척 지대라고 본다. 내가 의도하는 것은 심리학적 애도연구의 결과, 특히 애도과정의 단계와 심리학적 연구와 시각조형과의 맥락을 찾고, 그림을 그린 여성들과 인터뷰를 하며 그리는 것의 관찰과 그림의 상징들(과정을 심리적으로 규명함으로써)을 연결하는 것이다.

이러한 그림 시리즈들을 작업하여 얻게 되는 중요한 것은 애도기간 동안 그린 그림은 당사자에게 상실에 대한 슬픔을 표현할 수 있도록 도우며, 자신을 피할 수 없었던 운명의 '희생자'로 느끼는 것이 아니라 가장 어려운 내적 고통에서도 자신을 표현할 수 있고, 창조적이고 독창적이 되며, 그로 인하여 자신의 운명을 스스로 개척하는 사람으로 경험하도록 돕는다는 것이다.

들어가는 말

나의 의도는 그림의 과정과 애도과정을 방법적으로 서로 연결하는 것이다. 그러나 이러한 방법이 존재하거나 입증되지 않았기 때문에, 이 계획을 위해서 방법을 스스로 개발해야만 하였다. 내가 고안한 방법은 그림 묘사와 그림 해석의 두 단계로 나누어 다음의 네 가지 관점을 살펴보는 것이다.

1. 창작물로 제시된 그림
2. 그림을 그린 여성 자신의 진술, 의미부여, 연상 등
3. 나의 관찰, 그림에 대한 인식과 느낌, 여성이 그림에서 표현한 것과 확대된 의미로 본 그림에 대한 나의 억선이
4. 그림을 그린 여성이 보지 못하고, 아직 인식하지 못한 것이 대화를 통해 분명해진 것

1. 창작물로서의 그림

나의 작업은 상중에 있는 사람들이 그린 그림에는 그들 자신의 상황이 그대로 나타난다는 점에서 출발한다. 그림 구성에서 조형

매체는 작곡에서 음악적 매체와 마찬가지로 상징적 언어를 내포한다는 것을 전제할 수 있다. 그림에는 그림을 그리는 사람의 자아가 표현되는데, 이는 잃어버린 사람의 분신이 그림에 표현되는 것과 같다는 입장이다.[1)]

그림을 그리는 사람과 동일시되는 조형자의 자아 및 그림요소가 있는 곳에 애도자의 자아 및 상징이 표현되는데, 이것을 그림에서 읽을 수 있다. 또한 애도과정에서 일어나는 각각의 상황은 그림에서 애도자의 자아 및 그를 나타내는 상징 장소와 방식과 상징들 간의 관계로써 드러난다.

그림 매체에 대한 관점은 그림을 그린 여성들이 설명함으로써 해결될 수 있다. 이것은 색, 형태, 원근법, 움직임과 각각의 구성 맥락에서 오는 긴장상태와 그로부터 생성된 상징결합을 통해서 이루어진다.

2. 그림을 그린 여성 자신의 진술

상을 당한 여성들이 그린 그림과 애도과정에 대한 인터뷰를 통하여 얻은 그들의 진술은 그림이 시사하는 것을 명백하게 증명해 줄 수 있으며, 나의 해석에 대한 가설방향을 제시해 준다. 이와 더불어 나는 치료사로서 내담자들에게서 나온 아이디어와 연상들을 치료적 방법에 연결한다.

3. 그림을 그린 여성과의 인터뷰를 통한 관찰

이 밖에도 그림에 대한 나만의 관찰과 인식과 느낌을 대화에 끌

어들여, 즉 그것들을 그림의 역전이로서 그림을 그린 여성의 아이디어, 인식 등에 대조적이면서도 보완적으로 소개하려고 한다.

4. 대화를 통한 그림의 재발견

무엇보다 여기서 중요한 것은 대화를 통해 그림을 그린 여성이 보지 못한 것, 인지 또는 인식하지 못한 것을 끄집어내어 분명하게 의식화하는 것이다. 이러한 네 가지 관점 이외에도 나는 꿈을 생각하며 그린 그림을 보며, 그것을 무의식에서 나온 작품으로 고찰하였다. 상징 해석과 꿈 해석을 유사한 방법으로 접근하여 숨겨진 의미를 해석할 수 있다.

그림 해석에 적용된 이론으로는 Jung의 상징 이해와 Jung 학파가 발전시킨 그림 해석의 요소들, 특히 Ingrid Riedel[2)]과 Joland Jacobi[3)]의 해석을 중점적으로 다룬다.

그림에 대한 해석의 진위를 다시 점검하기 위하여 해석한 원고들을 그림을 그린 당사자들에게 보여서 재확인하였다.

예를 들어, H 여성은 다음과 같이 전한다. "이제야 이 그림들이 정말 귀하다는 것을 의식하게 되었습니다. 어떤 귀한 것, 고귀한 것이 나에게서 나왔으며, 이제야 그것이 소중하다는 것을 알게 되었으니 고맙고 감사한 마음입니다."

조형과정과 애도과정이 어떻게 상응하는지를 증명하기 위하여 그림 시리즈의 초기 부분을 특히 세밀하게 다루고자 한다. 19세 아들을 자살로 잃은 44세 여성의 애도과정이 어떻게 그녀의 그림 시리즈에 반영되는가를 보여 주고자 한다. 이러한 초기 시리즈는 본보기로 이해될 수 있으며, 다음의 그림 시리즈인 U 여성의 그림들을 통하여 애도를 극복하는 특정한 관점을 더 분명히 나타나게 할 것이다.[4)]

애도과정의 개인적 과정과 그 과정에서 그린 그림의 의미를 당사자들도 경험하게 하기 위하여, 나는 여성들과 그림에 대해 네다섯 시간 정도 대화를 나누었다.

아들을 잃은 어머니

Christa Henzler

H 여성의 당시 상황

H 여성은 열아홉 살 아들이 자살한 지 두 달이 지난 후에, 여기에 소개한 그림들을 그리기 시작하였다. 그 당시 그녀의 나이는 44세였다. 그녀는 죽은 아들 외에도 두 딸과 두 아들이 있다. 세상을 떠난 아들은 다섯 자녀들 중 중간으로 그 당시 그녀의 결혼생활은 이미 오래전부터 위기를 맞고 있었다.

아들이 세상을 떠난 지 10개월쯤 되었을 때, 남편은 다른 여성을 사귀기 시작하였다. 그 이후 남편은 바로 그녀를 떠나 혼자 이사를 해버렸다. H 여성은 남편과의 관계가 악화되자 직장문제에서도 어려움을 겪었다. 그녀는 그동안 남편이 운영하는 회사의 판공부에서 일을 하고 있었는데, 이제 남편 회사의 체인점에서 일을 하거나 완전히 그만두어야 하는 선택의 기로에 서게 되었다. 그녀는 바로 이러한 일이 남편에게 의존하는 것이며 자립생활을 영위하는 데 걸림돌이 될 것이라는 결론에 이르게 되었다. 따라서 H 여성은 그 상황에서 완전히 새로운 직장을 구해야만 했다. 아들의 죽음과 남편과의 결별이 한꺼번에 일어나 고통스런 상황임에도 불구하고 그녀는 사회의학 분야의 직업교육을 받기 시작하였다.

이러한 상실고리가 잇따르는 상황에서 두 아들이 나이와 교육 때문에 집을 나가 살게 되었다. 맏딸도 이미 다른 곳에서 대학을 다니고 있었기에 10세 된 막내딸만이 그녀와 살고 있었다. 결혼생활이 위기로 치닫게 된 요인 중의 하나는 그녀가 아들이 자살하기 2년 전부터 알고 있었던 심리분석 집단에 참여하기로 결정한 것이 계기가 되었다. 남편은 그녀의 이러한 결정에 대해서 자신을 비방한다는 느낌을 받았으며, 경제적 압력으로 그녀의 결정을 막으려 했다. 남편의 이러한 생각은 자유교회 신도들의 지지를 받았는데, 두 사람에게 이 교회는 유년 시절부터 정신적 고향이었다. 그녀는 아들의 자살과 집단치료를 통한 자신의 성장이 교회 신도들과 아주 격렬하게 내외적 갈등을 일으켰으며, 결국 자신과 신도들 간의 교류가 단절되었다고 하였다.

이러한 위기 상황에서 H 여성은 여성 그림 집단에 문을 두드렸다. 이 모임에 오는 여성들은 자신들이 겪는 정신적 고통에서 벗어나기 위하여 특정한 치료 방향이 없이 창의적 표현을 통하여 자발적으로 그림을 그린다. 이 집단 활동을 통하여 다음에 소개하려는 그림을 만나게 되었다.

H 여성의 그림 시리즈

절 벽

이 그림은 아들이 자살한 후 2개월 된 시기에 그린 것이다.

그림 묘사

화면 중앙에 하나의 형상이 보인다. 이 형상은 벌거벗은 상태로, 하체는 비탈 위에 매달려 있으며 한쪽 다리는 절단되어 있다. 상체는 비탈에 엎드려 있는데 형상의 반은 앞으로, 반은 감상자 쪽으로 향해 있다. 얼굴은 그려지지 않아서, 소위 '얼굴이 없는' 상태거나 감각 능력, 즉 듣고 보고 맛을 보며 냄새를 맡는 능력이 없어진 것 같다. 성별도 구별할 수 없다.

팔은 짧고 해부학적으로 신체에 바로 붙어 있지 않은 것처럼 보인다. 오른손은 자신의 머리를 잡고 있으며, 왼손은 계란 모양의 네 개의 돌을 잡고 있다. 돌들이 위에서 떨어지고 있는데, 나무에서 떨어지는 것 같지만 형상에 닿지는 않는다. 돌 우박은 나무의 왼쪽 편에서 더 많이 떨어진다.

나무는 바로 여성의 위에 서 있는데, 마치 여성의 신체 중심에서 솟아난 것같이 보이거나 그것이 뿌리인 것처럼 그려졌다. 어쨌든 나무는 그림의 중앙 축에서부터 자라고 있다. 나무는 아주 섬세하게 분배가 잘 되어서 한 그루 '전체'로 보여, 다리가 절단된 여성과는 아주 대조적으로 보이지만 이 여성과 관련 있는 것만은 확실하다. 수관의 왼쪽 편이 오른쪽 편보다 더 풍성하고 넓게 그려졌다.

절벽

나무의 왼쪽에는 여성의 자세와 평행하게 놓여 있는 덮개가 있다. 그리고 덮개의 왼쪽에는 윤곽만 그린 듯한 '누워 있는' 꽃 한 송이를 볼 수 있다. 나무는 여인과 덮개 사이에 있다. 수관의 윗부분이 화면의 끝에서 잘려진 것으로 보아 종이의 바깥쪽까지 고려한 것 같다. 좀 더 들여다보면 아직 많은 공간이 남아 있으며, 비탈에 매달려 있는 여인의 다리 아래로도 그런 여지가 보인다. 아래는 공간이 많아 가장자리를 지나 알 수 없는 곳까지 펼쳐져 있으며 이곳이 절벽이라는 인상을 준다. 수직선으로 선 나무는 절벽의 수평선과 만나 십자가 형상을 이룬다.

이 여성이 매달려 있는 비탈은 둘로 갈라져 있는 공간을 연결하는 요소가 된다. 비탈 오른쪽에는 그와 비슷한 형상이 있지만, 깊게 잘려져 분리되어 있다. 여성의 오른쪽으로 골짜기와 같은 절단면 위에 금방 허공 속으로 들어갈 것처럼 보이는 몸통이 없는 다리를 볼 수 있다. 매달려 있는 여성은 벗은 상태인 반면, 이 다리는 바지와 신발을 착용하고 있다.

그 다리에 속하는 것이 분명한 소매 있는 옷을 입은 손은 8자 형태의 철망으로 감겨 있다. 누워 있는 형상은 이 손을 향하고 있지만 그것을 집기는 어려운 것 같다. 오른쪽 비탈에는 둥글고 아주 날카로운 한 무더기의 돌들이 있다. 돌 모티브는 누워 있는 형상의 위에서 떨어지는 것을 잡고 있는 돌부터 오른쪽의 돌무더기까지 이어진다. 이것은 중요한 의미를 가지고 있으며, 여러 단계마다 재차 다루어진다. 그림의 왼쪽에는 입을 벌리고 있는 듯한 허공이 보이고, 형상의 왼쪽으로 땅이 비탈져 내려온다.

화지는 직사각형으로 전체적으로 보면 수평적으로 그려졌다. 이로 인해 여성이 미끄러져 내려갈 것 같은 위협적인 수직선에 균형을 제공한다.

H 여성은 그림도구로 연필을 선택하였으며, 윤곽을 그린 필체는 섬세히다 못해 소심하게까지 보인다. 연필은 아주 조금만 눌러 사용하였다. 이러한 기법으로 인하여 색은 자연스럽게 없어지고, 보통 색채로 나타나는 감정의 표현도 여기에서는 나타나지 않는다. 그러나 형태와 윤곽은 섬세하면서도 동시에 강한 표현력을 지니고 있다. 특히, 다리가 절단되어 벌거벗고 바닥에 누워 있는 신체와 강한 대조를 이루는 완벽한 나무의 윤곽에서 그것을 느낄 수 있다.

그림의 의미에 가까이 접근하기 위하여, 예를 들어 비탈에 매달려 있는 형상이 그 당시 그림을 그린 여성의 상황을 묘사할 수 있다는 점에 접근하기 위하여, 그녀와의 대화에서 나온 일부분을 그에 해당하는 자리에 삽입하였다. 그것은 그림을 그린 여성 스스로가 말한 것과 해석과정이 맞아떨어지는 것이었다.

해석에 들어가기 전에 먼저 첫 그림의 중심이 되는 형상은 다음 그림에 항상 변화된 형태로 다시 나타나며, H 여성은 이 중심 형상과 자신을 동일시한다는 것을 미리 알려 주고자 한다.

해 석

참고로 알파벳 'H' 는 그림을 그린 H 여성의 이름 머리글자를 적용한 것이며, 'CH' 는 인터뷰를 한 필자 본인을 의미한다.

인터뷰 내용을 적은 글에서 줄임표는 H 여성이 말을 하다가 중간에 쉬는 것이거나 대화 파트너인 내가 말을 중단시켰을 때 사용한 것이다.

H 여성은 그림을 그리는 과정과 그림이 만들어진 과정에 대해서 먼저 스스로 말한다.

H: "내가 어떻게 그림을 그리기 시작하였는지 지금도 기억하고 있어요. 나는 아주 아주 가파른 절벽부터 그렸는데, 나는 다리가 절단된 채 그 위에 매달려 있었지요. 그래요. 나의 아버지는 다리가 절단되었어요. ……그러나 그림을 그리고 난 후에야 내 자신도 다리가 없으며, 그것도 아버지의 절단된 다리와 똑같은 형태로 그렸다는 것이 눈에 띄었어요. 더욱 분명해진 것은 점점 내 자신이 그렇게 느꼈다는 것입니다. 아버지도 한쪽 다리를 잃었고 그로 인하여 인생이 망가졌지요."

그녀는 비탈에 매달려 있는 다리가 절단된 여성을, 아들이 죽은 지 2개월이 지난 상황에 있는 자신과 동일시하였다.

그녀는 '실오라기에 매달려 있는 것 같은' 비탈에 있기 때문에, 절벽 아래로 떨어질 위험에 있다고 느낀다. 게다가 그녀는 아버지가 젊었을 때 전쟁 중에 다리를 잃었던 것처럼, 그녀 자신도 다리가 잘린 것으로 아버지와 자신을 동일시한다. 여기에서 던져질 수 있는 질문은 그녀가 불행한 사람으로 여겼던 아버지와 자신을 어느 정도로 동일시하며, 그림에서 그러한 동일시가 얼마만큼 진행되었는가 하는 것이다. 나는 대화를 통해서 이러한 동일시를 파악하고 반영한다.

CH: "당신은 다리가 절단되었고 절벽에 매달려 있어요."

H: "그래요. 나는 얼굴도 없어요. ……나는 여성적 매력도, 가슴도, 음모도 없지요. 이러한 것은 어린 소녀와 같지 성숙한 여성은 아니에요. 그리고 나무에서 나뭇잎과 열매가 아닌 매끈하고 밋밋한 돌멩이가 떨어지고 있어서, 나는 팔로 막고 있으며 머리에 맞지 않기 위하여 옆으로 피하면서 내 스스로도 공격을 하려고 합니다. 보세요. 나는 이미 돌을 모았기 때문에 나를 보호합니다. 그래요. 나는 돌들을 모아서 나를 보호하기도 합니다."

CH: "무엇에…… 혹은 누구에 대항해서지요?"

H: "무엇에 대항하느냐고요? 말하자면 어떤 공격에 대해서나 자신 스스로에 대한 것이지요. 나는 자주 나의 인생나무를 상상했는데, 그 나무는 어떤 열매도 열리지 않는 대신 돌들이 떨어지고 심지어는 나를 없애려고 하죠. 그래서 어떤 반대되는 것, 대항하는 것이 있어야 하기 때문에 나는 돌을 되던져 막아야만 했어요. 돌들이 아래로 떨어지는 것처럼, 돌들을 다시 위로 던지든가 혹은 그렇

게…… 아마도 나에게 지배력을 행사하려는 사람들에 대한 대항일지도 모르지요. 나는 그때 그렇게 느꼈어요. ……나는 늘 다른 사람들에게 주시당하거나 매도당하는 것 같았습니다(그녀는 아들이 자살하고 난 후에 그녀에 대한 주변 환경의 반응과 관련짓는다.). 공동체에서도 그랬습니다. 너는 그렇게 발가벗겨졌으며, 너는 그곳에서 그렇게 있다(H 여성은 그림 중앙에 있는 형상을 가리키며 이 말을 한다.). 이렇게 벗겨진 상태로. 나는 덮을 것을 그렸지만 그 덮개로는 나를 보호할 수 없었습니다. 나는 발가벗은 상태였습니다. 나를 보호할 수 있는 방법을 찾을 수 없었습니다. …… 말하자면 내가 절벽 비탈에 걸려서 아직 벗어나지 못하고 있다는 느낌을 가졌어요. 내가 아래로 날아가거나 위로 잡을 수 있었겠습니까? 나는 팔을 나무에 걸칠 수도 없었으며, 그때의 상황으로 그것은 불가능하다고 여겼지요. 지금은 아래로 내려갑니다."

아들의 죽음 때문에 그녀는 '얼굴을 들지 못했다.' 그녀는 그런 생각을 얼굴을 전혀 그리지 않은 것으로 표현하였다. 그녀는 이 그림을 통하여 그러한 상황에서 자신이 완전히 정지된 상태거나 파멸된 상태를 체험했다는 것을 보여 주고자 한다. 그녀는 아들의 죽음으로 인해 견딜 수 없는 상황들을 체험했음이 틀림없다. 이러한 것은 애도연구의 반응에서 자신과 세상에 대한 의미 있는 수용을 방해하는 강력한 감정 쇼크의 반응으로 알려져 있다. 이러한 최초의 반응은 사랑하던 사람을 잃게 되면서 일어날 수 있는, 감정적으로 받아들이기 어려운 것에 대한 방어 반응으로 이해할 수 있다. 특히, 그녀는 여성으로서의 자신의 정체성—성적 특성이 모두 결여되어 있다—과 어머니로서의 정체성을 이러한 불행한 사건으로 인하여 잃게 된 것처럼 보인다. 게다가 남편이 이러한 상황에서 그녀를 떠난 것도 한몫을 차지한다. 당시 그녀의 여성적 자신감은 완전히 망가져 있었다.

그림에서 그녀의 팔은 짧아져서 몸에 잘못 연결되어 있다. 전이적 의미에서 그것은 적어도 부분적으로는 더 이상 무언가를 할 수 없다고 느꼈다는 것을 암시할 수 있다. 그녀는 오른손으로 머리를 잡고 그녀에게 벌어진 일에 완전히 아연실색하였다. 그녀는 아이의 머리 스타일을 한 자신의 머리를 잡고(인터뷰 상황에서 그녀는 자신이 어린아이였을 때, 그림에 있는 여성의 머리와 같았다는 것을 깨닫게 되었다), 어릴 때의 단계로 되돌아가게 되었다. 그녀는 퇴행하여 더 이상 성인 여성과 어머니로서의 역할이 아닌, 힘 없고 의존적인 아이의 상태로 되돌아갔다.

H 여성은 그녀의 '인생나무'에서 돌 우박이 자신에게 떨어지는 것을 본다. 이것은 가장 가까이 있는 사람의 자살, 즉 아들의 죽음에 대해 어머니로서 가슴을 후벼 파는 양심의 가책과 대면하는 것일 수 있다. 아들을 자살하게 만든 어머니는 좋은 어머니가 아니라는 생각이 그녀를 괴롭힌 것이다. 이러한 반응은 다음에 소개되는 U 여성에게서도 다시 발견할 수 있다.

H 여성은 살아오면서 공개되면서도 감추어진 죄의식의 고통에 너무 자주 내맡겨졌고, 또 그러한 상황을 인식하면서 이러한 '돌 우박'을 맞는 느낌이 들었다. 어린 시절부터 마음의 고향이었던 교회 공동체에서 이해받지 못한 것이 잠재의식에 있는 확신과 결부되어 그녀에게 다가왔다. '신은 내가 무엇 때문에 참회해야 하는지를 이미 알고 계신다. 게다가 죄의식을 극복한다는 것은 너무 어렵

다.' 그녀는 이러한 죄의식의 고통을 내면화하였다. 이는 H 여성이 애도작업의 초기에 자주 아들의 자살에 대한 과실이 자신에게도 있다고 말하면서, 자기 스스로 돌처럼 굳어지는 느낌을 받는다고 말한 것을 생각하면 알 수 있다. 그 예로 그녀는 더 좋은 엄마가 되었더라면 아들을 숨지게 하지 않았을 텐데, 혹은 남편의 압력을 최대한 견뎠어야 했는데라고 말했던 적이 있다. 그러나 그녀는 나무를 아주 섬세하게 배분해서 그려 나무를 치유하고, 선명하게 리비도를 넣어 그림으로써 자기 암석화에 대한 반대의 힘을 만들었다. 그녀는 그렇게 함으로써 스스로 자신과 자신의 삶이 일말의 가치가 있다는 것을 보여 준다.

그녀는 그림에서 네 개의 돌을 손에 쥐고 있으며, 다른 것을 통해서 자신의 '암석화'에—바로 그녀 자신이 의심하였던 것처럼—대해 방어하고자 하였다. 그녀는 자신을 방어하기 시작하였으며, 공격을 되받고 더 이상 희생자가 되지 않으려 했다. 여기에서 살고자 하는 이유가 처음으로 생기게 된 것이다. 그녀는 비록 불안에 시달렸지만(H 여성은 다른 기회에 무서운 불안발작에 시달렸던 상황에 대해서 말했다), 그림에서는 이미 해결의 시발점이 보인다. 즉, 돌의 형태에서 자기방어와 공격의 '매체'를 준비해 새로운 행동에 대한 방도를 만들고 있다. 돌의 상징을 그녀의 방어력으로 볼 때 다음의 결론에 이를 수 있다. H 여성은 자신을 방어함으로써 공격적이고도 활력 있는 삶의 기운을 차릴 수 있다. 그림에 있는 돌들은 한편으로는 그녀의 내면에서 받아들인 처벌 판타지의 상징으로 이해할 수 있으며, 다른 한편으로는 바로 그녀 자신을 위해 사용할 수 있는 가치 있는 공격성-잠재성을 암시한다.

우리는 여기서 그림이 지니는 전망적 관점을 발견한다. 그 당시 그녀로서는 이러한 에너지가 자신에게 있다는 것을 아직 말할 수 없었으며, 때로는 견딜 수 없는 아주 심한 고통, 절망적인 슬픔, 남편과의 이별로 추가된 마음의 상처를 입고 있었다. 당시에 그녀는 '성인 여성' 이라기보다 얼굴이 없는 신체적으로 12세의 발달연령으로 퇴행했지만(심리적으로도 그에 상응하는), 그림에서는 진보적 경향이 엿보였다. 다시 말해서 퇴행에 이미 발전의 씨앗이 내포되어 있었다.

그녀는 자신이 그린 덮개로 아직 자신을 보호할 수 없다. 그러나 비록 그녀가 그것을 잡을 힘은 없지만, 그럼에도 그것은 그녀에게 보호 가능성의 요소로 존재한다. 아들이 세상을 떠난 지 2개월이 된 당시에 그녀는 아직 보호받지 못하고 벌거벗은 상태였으며, 그녀의 벌거벗은 실존은 그대로 노출되어 웃음거리가 되었다. 그녀가 자신을 그렇게 인식했는다는 것은, 경우에 따라서 잡을 수 있는 손—아들을 잃게 되면서 그녀와 한마음이 될 수 있었을 법한 남편의 손—이 가시철망으로 감겨 있는 것에서 알 수 있다. 남편은 자신의 손을 '철조망으로 감아서' 그녀가 다가갈 수 없게 만들었다. 그녀는 이러한 손을 잡는 것을 새로운 상처를 입는 것으로 생각하였다. 나는 H 여성에게 가시철망을 하고 홀로 서 있는 특이한 다리에 대해서 질문을 한다.

CH: "이 부분에서 당신은 무엇을 생각하였고 그렇게 그림으로써 무엇을 표현하려고 했습니까?"

H: "예, 바로 사라지는 절벽 위에 남성의 다리를 그렸어요. 아마도 ○○(그녀의 남편)와의 결별에 대한 감정을 그렇게 표현한 것 같아

요. 남편은 이미 오래전부터 우리가 헤어져야 된다고 말했지요."

H 여성은 이 점에 대해 더 상세히 설명했다. 남편은 항상 확실한 결정을 내린 반면, 그녀는 자주 그러지를 못했으며 그에게 의존하였다고 한다.

CH: "그래서 그는 여기서 손에 가시철망을 감고 있군요."

H: "예, 한편으로 나를 잡을 수 있는 손, 즉 구조하는 손이 있는데, 내가 그것을 잡으려고 할 때면 그것은 나에게 상처를 주고 피를 흘리게 한다는 생각을 했어요. 그가 손에 가시철망을 감고 있기 때문에 나는 그 손을 도저히 잡을 수 없었어요. 그때 그것으로 무엇을 나타내려고 했는지 지금은 정확하게 기억나지 않아요. 어쨌든 그림에 있는 소녀는 열두 살 정도로 보이네요. 여기서 나는 아버지가 오랫동안 우리를 떠나야 했을 당시, 이별할 때의 그 기차역과 아버지의 일이 기억에 떠올라요."

CH: "아버지가 떠날 때 당신은 몇 살이었지요?"

H: "음, 그 당시는…… 잠깐만요. 그러니까, 나는 열한 살이었어요. 사춘기 바로 직전이었지요."

H 여성은 삶에서 겪었던 두 가지의 버림받은 경험을 서로 연결해 낸다. 열한 살 때 아버지가 떠나서 자신이 버려진 상태가 된 것과 남편이 떠난 것이 그것이다. 그림에서 떠나는 남성을 통해 두 개의 의미를 연결할 수 있다. 첫째, 그녀의 남편은 가장 어려운 시기에 그녀를 떠났으며, 둘째, 그녀의 아버지는 그녀가 그를 아주 필요로 했던 시기에 떠났다. H 여성은 엄청난 불안 상황에서 이러한 맥락을 다시 알게 되는데, 이것은 그녀가 아주 어릴 적에 겪었던 불안 상황과 비교할 수 있는 애도기간 동안 일어났다.

H: “그래요. 당시에는 내가 모든 것에서부터 버려진다는 것이 가장 불안했어요. 그러한 불안이 너무 강해서 45세의 성인으로서는 그와 같은 상태가 비정상이라고 생각했어요. 나는 성인이면서도 불안이 너무 강해서 항상 내가 어린아이와 같다고 말해야 했습니다. 당신에게 말했듯이, 나는 밤마다 불안에 휩싸여 침대에서 뛰어내릴 정도였습니다. 그것은 절벽이었고 아들의 죽음과 불안이었습니다. 당신은 그곳에 서서 아래를 보고 있습니다. 나도 그렇게 있습니다. 나의 자세는 땅 쪽이 아니라 이미 절벽 쪽으로 기울고 있었습니다. 나는 거대한 절벽 앞의 실오라기에 매달려 있는 것 같았습니다.”

H 여성은 여기에서 ‘터져나오는 혼돈스러운 감정’[5]의 애도기간에 자신이 얼마나 무서운 불안상태에 묶여 휘청거렸는지를 표현하고 있다. 이 경우에 불안은 감당할 수 없는 죄책감과 연결될 수 있거나, 수용할 수 없는 분노를 죽음에 대한 죄과로 뒤집어씌울 수 있는 사람에게, 자살자 본인에게, 마지막으로 신 또는 운명에게 대항하여 터트릴 수 있다. 그녀는 이렇게 모든 것이 뭉쳐진 형태에서, 위협적인 정체성 상실과 자아가 완전히 와해될 것 같은 불인을 죽음의 사건으로 나타나는 반응과 연결할 수 있다.[6] 그러나 H 여성은 그림이라는 메개체를 발견함으로써 자신의 불안을 표현할 수 있었으며, 이러한 불안에서 절벽의 그림과 같은 표현을 발견하였다. 그녀는 이러한 것을 이미 어느 정도 떨쳐 낼 수 있었는데, 자신의 불안을 형상화함으로써 자신에게 형태를 주고 그것을 볼 수 있게 하였다. 더불어 견딜 수 있고 보호할 수 있는 요소들이 그림에 확실하게 보이게 되었다. 예를 들어, 덤개나 나무의 뿌리 부분을

어떻게든 잡을 수 있는 환경, 즉 그녀 스스로 그 순간 아직 볼 수 없었던 자원을 심리적으로는 연결할 수 있는 그런 표현의 기회였다. 이 그림은 내가 H 여성에게 알려 주고자 하는 불안에 대한 반대 힘도 내포하고 있다.

CH: "그림을 보면, 당신의 나무가 당신을 붙잡고 있어요."
H: "예, 그렇게 보여요. 그때도 그랬어요. 그렇지만 나는 어떤 방식으로든 위기 상황을 빠져나왔어요."

그림에서 덮개의 왼쪽에 있는 꽃은 그녀의 자원을 표현한 것이기도 하다.

H: "이 기간 동안 (교회 공동체의) 한 남성이 나에게 우정을 보였어요. 우리는 서로 많은 편지를 주고받았으며 전화도 자주 했어요. 아마도 덮개와 꽃은 그와 관련이 있을 거예요. 그것이 내가 살아 남도록 도왔지요."

그녀는 아들에게 버림받은 상태에서—애도 경험에서 항상 그렇듯이—그보다 이전에 있었던 모든 상실 경험과 버림받은 경험을 다시 기억했다. 먼저 아버지와 관계된 최초의 경험이었다. 아버지는 전쟁에 참가하여 다리를 잃은 채 돌아왔으며, 어릴 적 그녀에게는 중요했던 시기에 그녀와 가족을 떠났었다. 그리고 이제는 그녀에게 파트너의 역할뿐만 아니라 오랫동안 아버지와 같은 존재였던 남편 ○○가 그녀를 떠나게 된 것이다. 그것도 부모로서의 공동 운명을 깨트려버린 아들의 자살 후에 말이다. 그의 발자취는 그녀 위를 지나 돌무더기가 더 있는 다른 비탈로 가는데, 그곳에서 그녀에게 다시 돌을 던질 수 있게 보인다. 그리고 구출해 주는 손이 될 수도 있으며 H 여성이 기꺼이 잡을 수도 있는 손은 가시철망으로 휘감겨 있다. 그것을 잡는다는 것은 새로운 고통의 경험을 피할 수 없다는 것과 같다. 25년간 쌓았던 그들의 관계는 더 이상 지탱하지 못하고 그 자체가 바로 '고통의 근원'이 되는 것이다.

또한 그에 해당하는 발은 허공으로 들어간다. 형상 자체도 정지되어 있지 않다. 이것으로 보아 결별과 버림받은 경험의 고리를 과소평가할 수 없다. 다른 두 아들도 이미 독립할 나이가 되었기 때문에 이 시기에 집을 떠났다.

H 여성이 그림에서 아직 (돌들을 통하여 상징화된 공격적 잠재성 외에도) 전망할 수 있고 희망할 수 있는 것은, 그림의 중앙을 차지하는 그녀와 치유적인 어린 생명나무와의 관계다. 자발적으로 그린 그림에서 자주 등장하는 나무는 그림을 그린 여성에 의하면 '인생나무'로—여기서의 나무는 겨울나무며 앙상하다—이해될 수 있다. 그것은 당시의 상황을 투사하고 있다. 이 나무는 전체적으로 분배가 잘 되었으며 잘 자란 나무지만, 그 당시는 겨울나무였고 절벽 근처에 서 있었다. 나무는 사계절을 통하여 다양한 형상을 보이기 때문에 변화를 상징한다. H 여성은 적어도 이러한 겨울 뒤에 다시 봄이 온다는 것을 희망할 수 있다. (나무의 상징에 대해서는 U 여성의 그림 시리즈에서 더 분명하게 나타난다.)

이 밖에도 나무는 개성화 과정[7]을 투사하는 존재로 볼 수 있다. H 여성은 자신의 나무에 많은 리비도를 표현했는데, 자신과 동일시하는 형상을 뿌리 부분에 두었다. 이러한 형상은 그림에서 나무의 뿌리를 형성한다. 우리가 나무를 개인 상징과 개성화 상징으로 본다면, H 여성은 전이적 의미에서 뿌리에, 즉 실존의 뿌리에 다다른 것이며, 심지어 살아가면서 처음으로 자신에 대한 실제적 질문을 던진 것이라고 해석할 수 있다.

또한 뿌리가 그녀 자신인 이 나무는 그림의 중심축에 있는데, 그곳은 바로 그녀가 비참하게 누워 있는 곳이기도 하다. 이러한 중심화는 상징적 장소로서, 그녀 자신도 누워 있는 모든 것과 같은 방향에 있다는 것을 확실히 보여 준다. 그녀는 실제로 너무나 많은 일이 일어난 애도과정의 각 단계에서 와해되어 전체적으로 방향감각을 잃었다. 그러나 그림이 보여 주듯이 아들이 죽은 지 두 달 후는 더 이상 그런 상태가 아니었다. 그렇지만 아들의 죽음으로 정신이 없었던 그 상황은 심리적으로는 아직도 바닥이 없는 절벽과 같았다. 어찌되었든 그녀는 상체를 지탱할 수 있는 땅에 자신을 단단하게 연결한다.

오른쪽 공간에 돌무더기가 쌓여 있는 반면, 왼쪽은 입을 벌리고 있는 허공이 보인다. 이곳은 상징적으로 무의식과 퇴행의 의미가 더 많은 공간이다.[8] 그녀는 아직도 이곳에 더 가까이 다가가지 못한다. 이 상황에서 그녀는 자신이 텅 비어 있다고 느낀다.

그림은 어떠한 색채도 없이 연필로만 그려졌으며, 그녀의 '벌거벗은 상태'를 스케치한 것에서 조금도 더 나아갈 수 없는 것처럼 보인다. 이와 관련된 정서, 특히 색을 칠함으로써 표현될 수 있는 그러한 정서가 여기서는 은폐되고 있다. 그림의 선은 아주 약하지만 섬세하고 확실하며 표현력이 강하다.

또한 추락하는 것에 어울리게 종이를 세워 그리는 대신, 가로로 눕혀 그린 것은 그 추락의 위험에 견딜 만한 반대 힘이 있다는 것을 보여 준다. 가로로 눕혀진 형태는 무엇보다 수직적 경향보다 수

평적으로 되어 있다는 것이다. 나무의 수직과 비탈의 수평이 이루는 십자 형태는 그녀의 기독교적 배경과 비슷하다. 어쩌면 그녀에게 일어난 일은 '자신의 십자가'로 받아들여야 된다는 생각과 관련될 수도 있다. 공간 상징으로 보아, 그림에서 십자 구성은 신체적 방향의 기본을 이룬다.[9] 즉, 이것은 그녀가 자신에게 새로운 삶의 방향을 세울 것을 종용하는 최초의 암시기도 하다.

다 리

이 그림은 아들이 죽은 지 세 달 후에 그린 것이다.

그림 묘사

H 여성의 두 번째 그림을 보면 먼저 다리 같은 것이 눈에 띄는데, 그 중간에는 다리가 한쪽만 있는 사람이 두 개의 목발을 하고 서 있다. 이 사람은 분명히 이미 다리의 중간을 지났고, 지금은 화지의 바로 중앙에 서 있다. 첫 번째 그림에서는 완전히 텅 비어 있던, 왼쪽 편 허공에서 솟아난 것 같은 다리는 오른쪽에 다시 나타난 나무와 연결되어 있다. 사람은 중앙에서 오른쪽으로 향하고 있으며, 양손에는 목발을 잡고 있는데, 앞서 그린 그림처럼 한쪽 다리가 절단되어 있다. 이 사람은 눈은 있는 반면, 코와 입은 없다. 오른쪽 나무의 수관은 윗부분이 일부 잘려 있지만, 뿌리 부분은 깊게 뿌리를 내린 형상이다. 나뭇가지에는 잎들이 부분적으로 달려 있다. 나무 바로 옆에는 일곱 개의 울타리 말뚝이 오른편 가장자리 밖으로까지 뻗어 나간다. 원근법으로 보면 울타리는 바로 나무 뒤에 있으며, 나무뿌리는 울타리 앞을 지나 오른쪽으로 나아간다.

다리

다리는 뒤 난간만 그려졌고 앞 난간은 그려지지 않았다. 그러나 앞의 그림과 달리 사람이 다리 위에 서 있다. 물론 이러한 묘사로 절단된 다리가 자연스럽게 보이는데, 그렇지 않았더라면 난간에 의해서 가려졌을 것이다. 절단된 다리를 분명하게 보이도록 그리는 것이 그녀에게 아주 중요한 것임에 틀림없다. 뒤편의 다리 난간에 열한 개의 받침대를 볼 수 있다.

그림은 첫째 그림처럼 가로로 놓여, 가늘고 섬세한 연필 선으로 그려졌다.

해 석

그림에서 다리 위의 사람은 움직임에서 보여 주듯이 나무를 향해 가고 있는 것이 분명하다. 이 다리가 아무것도 없는 왼쪽 허공에서부터 어떻게 솟아날 수 있는지 놀랍다. 이 그림의 사람은 눈만 있고 코도 입도 없다. 첫 번째 애도반응은 일종의 쇼크로 나타났으며, 자신과 동일시하여 그린 최초의 그림에서 보인 첫 반응은 감각기관이 없는 그림이었다. 그런데 이제 그것을 극복할 수 있는 것 같다. H 여성은 자신과 동일시한 이 형상에 눈을 그려 넣음으로써, 비록 아직 말로는 표현을 할 수 없어도 이제야 그러한 것을 다시 볼 수 있게 되었다. 다시 말하면, 첫 번째 그림에서는 모든 감각이 없어진 것처럼 그렸지만 이제 여기에서는 다시 눈을 그렸다. 그녀 스스로 인식한 것처럼 눈은 아직 감겨져 있지만 그래도 존재한다. 감각들이 서서히 다시 돌아오고 있다. 이 사람에게 눈을 그릴 수 있는 능력은 H 여성이 내적으로 그녀의 절망에 가득 찬 상황을 눈으로 직시할 준비가 되었다는 것으로 해석할 수 있다. 그녀는 그 사이에 그것과 대면하고 직시하는 시도를 하였으며, 슬픔을 받아들일 준비가 되었다. 이러한 것은 고통스러운 상실을 처음으로 받아들인다는 것을 의미한다. 즉, 그녀는 최초의 애도과정인 '사실로 받아들이지 않는'[10] 상태를 지났다. 그것은 뒤에 더 분명히 밝히겠지만, 그녀가 자신의 아들이 '저 세상'의 공간으로 가는 길을 막는 울타리 뒤에 있다는 것을 언급했기 때문이다. 결별과 상실은 분명해지고, 그녀는 그림에 머물기 위하여 그를 되돌아보며, 그림을 그릴 동안 그에게서 분리된 것을 경험한다. 그림을 완성할 때가 되어서야 갑작스런 아들과의 이별을 다리에 잡아두고 싶다는 소망을 상징적으로 드러낸 것이다.

상징화 과정과 치료적 효과를 이해하기 위해서는 이 그림의 생성과정이 특히 큰 의미를 지닌다. H 여성은 그림을 그린 과정을 서술하고, 다시 그림의 중앙에 있는 사람과 자신을 동일시한다.

H: "다리에 서 있는 나 자신을 그렸습니다. 나는 아주 오랫동안 다리와 같은 느낌을 가지고 있었습니다. 나는 더 이상 내가 어디 있는지, 어디에 속하는지도 모르며, 다리 건너편에도 속하지 않은 채 항상 다리 위에 서 있다는 느낌이 들었지요. 나는 다리 위에서 늘 이리저리 서성거리고 있어요. 무엇을 해야 할지 모르고 있습니다."

H 여성은 여기서 그녀가 당시의 상황을 어떻게 체험했는지를 설명한다. 그녀는 다리 위를 불안정하게 이리저리 돌아다니며 다리를 건너지 못했다. 보통 다리는 한쪽에서 다른 쪽으로 건너가는 것으로 삶의 과도기를 상징한다. 그러나 그녀는 그 당시 이러한 서성거림을 통해서 자신이 살아남아야 한다는 것을 표현하고 있다. 이 여성의 아들은 다리를 건너갔으며, 그녀는 아들과 함께 갈 수가 없어 항상 그곳에서 서성거렸다. 이러한 표현은 실제로 그를 따라가고 싶지만, 아들의 죽음으로 빚어진 갑작스런 이별을 통해 그렇게 한다는 것이 불가능하다는 것을 그린 것이다.

그러나 H 여성이 비록 이러한 고통스런 서성거림을 인상적으로 표현했더라도, 그림에서 스스로 오른쪽으로 향하고 있는 것을 간과해서는 안 된다. 이미 인식했던 것처럼 그녀는 나무를 바라보고 있다. 이것이 의미하는 것은 그림에서 방향은 이미 분명하게 제시되어 있으며, 그녀는 이러한 서성거림을 더 이상 그리지 않았다는 것이다. 예를 들면, 그녀가 이러한 서성거림을 표현하기 위하여 야누스 두상을 가진 형상을 그리거나 다른 그림을 그렸을 수도 있었을 것이다. 그녀는 오른쪽으로 가기로 결심하였는데, 여기에서는 분명하고 확실한 결정이 내려졌기 때문에 그곳에 서 있게 되었다. 이는 상징적으로 타인과 세상[11]을 의미하는 오른쪽 방향으로 분명하게 전환하는 전진적 움직임을 보여 준다. 동시에 그것은 울타리를 넘어서 가는, 그녀의 아들이 사라진 방향, 즉 어떤 의미로는 아들을 다시 발견할 수 있는 방향으로 간다. 애도과정에서 보면, 그녀는 '찾고 재발견하는 단계'의 과도기에 서 있다. 비록 H 여성은 여전히 혼란스럽고 불안한 상황에 있지만, 이전 그림의 경우보다는 진보적이다. 그녀는 목발을 가져와서 자신이 도움이 필요하다는 것을 보여 준다. 그녀는 첫 번째 그림에서는 불가능했지만, 여기서는 어쨌든 목발을 집고 앞으로 나아갈 수 있다. 또한 그녀는 다시 일어섰으며, 그것은 그녀가 다시 땅에 발을 내려놓을 수 있다는 것을 보여 주는데, 적어도 그림에서는 그것의 대리적 의미를 보여 준다. 앞의 그림에서 H 여성은 누워 있었으며 미끄러지고 있었다.

이제 이러한 견디기 어려운 서성거림과 불안의 끝에 왔다는 것을 어떻게 알 수 있는가? 이미 언급했듯이, 이 그림에는 아주 결정적인 증거가 상징화 과정으로 드러난다. 그것을 공감하기 위하여 우리는 다음의 그림이 그려진 과정을 따라가야 한다.

> H: "나는 나무를 그리기 시작했고, 그 다음 다시 나뭇잎을 보았어요. 그렇게 그림을 계속 그릴 수 있었지만 우리 모임이 끝나게 되었지요. 나는 그때 계속 그림을 그릴 수도 있었을 겁니다. 그때 불현듯 깨닫게 된 것은 나무가 울타리에서 끝날 수는 없으며, 뿌리가 그 경계를 넘어갈 수 있다는 것입니다. 나는 그것을 아주 정확하게 알고 있었어요. 심지어 그것은 그림에서 가장 중요한 것이었지요. 즉, 나무가 뿌리를 울타리 아래로 내릴 수 있다는 것을 아는 것 말

입니다. 그럴 수 있다는 것이 얼마나 근사했는지요. 그 전에는 항상 그러한 느낌을 가졌기 때문에, 더 이상 건너가지도 나아가지도 않았어요. 그곳에서 나는 모든 것과 경계를 이루었으며, 이 기간 동안 남편, 가족, 공동체, 모든 것들로부터 분리되었지요.…… 그것은 근본적으로 더 이상 어떤 역할도 하지 못했습니다. 나무는 성장하고 그 경계는 불필요한 것이 되었지요."

CH: "그러면 그 당시에 당신에게 이러한 불안한 상황, 절망에 가득 찬 서성거림의 느낌은 끝나게 되었나요?"

H: "예, 어쨌든 울타리가 더 이상 나를 괴롭히지 않는다는 느낌이 들었습니다. 즉, 그것은 더 이상 나를 막거나 분리시키지 않았으며, 이미 내가 그것을 건너왔거나 많이 지나왔다는 것을 알게 되었어요. 나무의 뿌리와 함께 울타리 아래까지 뻗어 나갔지요. 과거에 나는 다리 위에서 서성거리고 있었고 울타리도 건너지 못했어요. 그러다가 나무를 그렸고 그곳에서 갑자기 울타리가 더 이상 중요하지 않다는 것을 깨닫게 된 거지요. 근본적으로 나무가 나를 위해 그것을 해결해 주었어요."

CH: "그러니까, 내적인 통과가 당신에게 이루어졌군요? 또한 그곳에서 당신의 절단된 다리는 더 이상 걸림돌이 되지 않았군요?"

H: "맞아요. 나는 다리가 하나밖에 없다는 것을 느꼈고 정확하게 인식했답니다. 그러나 나는 한쪽 다리로만 울타리 넘어서 오지 않았어요. 그곳에는 나의 아들이 있기 때문에 나는 그것을 넘으려고 했습니다. 내가 확신한 것은 울타리 뒤에 아들이 있다는 것입니다. 그리고 그림을 다 그려갔을 때, 다리 위에서 나무가 자라지 않았어도 그것을 그렸어요. 아무도 그런 것을 이해하지 못하지만, 어쨌든 나무가 그려졌고 나무를 그리는 동안 뿌리도 생기게 되었지요. 그림을 끝냈을 때 뿌리가 울타리 아래로 내려간다는 것을 알게 되었

습니다. 그런 시점에서 나는 울타리 아래에 더 이상 그릴 것이 없었는데, 그것은 뿌리가 통과한다는 것을 알았기 때문입니다."

CH: "그러니까 당신은 그림에서 나무의 뿌리를 지나 내적으로 당신의 아들과 연결될 수 있다는 해결책을 발견했군요."

H: "예, 그것은 한순간에 이루어졌어요. 그렇게 연결된다는 것이 불가능하게 여겨졌거든요. 목발로 그곳까지 건너가는 것은 불가능하다고 여겼는데, 갑자기, 그래요, 갑자기 나는 이미 그 건너편에 있었어요. 이미 그 건너편에 있었어요. 그것은 그렇게 해결되었습니다."

H 여성은 여기에서 상징화의 행위가 고통덜기, 조화와 내적 자유를 가져오는 감정 변화에 어떻게 영향을 끼칠 수 있는가를 인상적으로 묘사한다. 처음 그림을 그릴 때는 다리와 오른쪽 울타리만 있었다. 그러나 그녀는 정서적으로 너무 긴장하고 불안하여 돌파구를 찾을 수 없다는 느낌을 계속해서 그려야 했는데, 거기서 갑자기 나무를 발견하였다. 이 나무는 이미 해결을 위한 근거를 가져다 주었으나 심리적 고통을 결정적으로 내려놓지는 않았다. 그러나 그녀는 울타리 아래로 나무뿌리를 내릴 수 있다는 자유로운 상상을 하게 되었다. 그녀는 그림을 다 그린 다음, 그림을 감상하면서 그림이 주는 영향을 알게 된 후에야 울타리 아래로 뿌리가 계속해서 자랄 수 있다는 상상을 하게 되었고, 실제로 그것을 그렸다는 것을 나중에 인식하게 되었다.

어떻게 하여 이러한 행복한 해결에 이르게 될 수 있었는가? 그녀는 나무를 그렸지만 그림을 그리는 동안은 그 과정에 머물러 있었다. 그러나 그것만으로 모든 것이 해결되는 것은 아니었다. 그녀가 의식하고 적극적으로 그림을 그린 것이 아니라, 그림 그 자체가 이러한 해결에 접근했다. 그녀는 이 나무뿌리와 무의식적으로 대화를 하고 있었다는 것을 알게 되었다. 즉, 그녀는 생명나무의 뿌리를 넘어, 죽은 아들이 있는 울타리를 지나 아들에게 다시 가까이 갈 수 있게 되었다. 그녀는 그림을 계속해서 그림으로써 하나의 상징을 발견하였는데, 즉 나무-뿌리의 상징이 그녀에게 그 당시 삶과 죽음의 분리를 극복할 수 있게 하였다. 이 경우에 아주 명백한 상징이 있다. 그녀는 죽은 아들의 엄마기 때문에, 그들 둘은 공동의 뿌리를 가지고 있으며 그 안에서 아들이 태어났다. 이러한 관점에서 그들은 표면에서도 보이듯이 삶의 깊숙한 영역에서 피할 수 없이 함께 연결되었으며, 더 이상 서로 갈라질 수 없는 공동의 뿌리를 가졌다. 아들이 저 세상으로 갔어도 그녀는 그의 어머니며 그 뿌리는 영원하다. 나무뿌리를 통해 그녀는 이러한 확신을 결정적으로 체험하였다. 그녀의 아들은 비록 영원히 떠나버렸지만, 그녀와 내적으로 아주 가까이 있을 수 있다. 우리가 대화를 통해서 이러한 인식의 치유적 효과를 생각하게 되었을 때, 그녀는 아들이 죽고 난 후에 아들의 비석을 처음으로 바라볼 수 있었던 경험을 이야기하였다. 그녀는 아들의 묘비 앞에 섰을 때, 아들이 자신의 팔을 그녀의 어깨에 얹고 있는 느낌을 받았으며, 신체적으로 아주 가까이 있고 그와 아주 잘 지낸다는 느낌이 들었다고 했다. 여기서 중요한 것은 이러한 과정을 실제의 슬픔을 방어하는 것인 애도 반응에서 분리하는 것이다. 상중에 있는 사람이 아무 일도 일어나지 않은 것처럼, 내적으로 죽은 자와 연결되어 있는 것처럼, 이러한 것을 절대로 받아들일 수 없다고 확신하는 애도 반응이 있다. 그러나 여기에서 사별, 즉 죽음을 단순히 부정하고 그렇게 함으로써 부정의 방어기제—애도과정의 첫 특징—를 포기하지 않을 수 있는지 주의를 기울여야 한다. 이것이 그러한 경우라면, 즉 아무 일도 일어나지 않은 것처럼 죽음을 완전히 부정하게 되면 그 방어 반응은 문제가 된다. 이러한 방어 반응은 오랜 기간 동안 지속될 수 있으며, 그로 인해 자신의 미래생활이 차단될 수 있다. H 여성의 그림이 그와 다른 점은, 그녀와 아들 사이에 울타리가 있어서 그녀는 사별을 인정하며, 애도과정에서 그것을 항상 다시 인식할 수 있다는 것이다. 사별을 실제 사실로 받아들일 때 비로소 새로운 단계의 재결합을 경험할 수 있다. H 여성은 이러한 새로운 결합을 의식의 깊은 단계에서 체험하였다. 여기에 결정적인 것은 애도자가 사별을 있는 그대로 받아들일 수 있으며 그 상실을 거부하지 않는다는 것이다. 이 경우에 그림은 과도기 상징이 된다. 이 여성은 그림과 그에 관련된 상징화 경험을 통하여 사별을 견딜 수 있었다. 그럼에도 불구하고 사별은 그녀에게 여전히 고통스런 것이었다. 이러한 창의적 상징 활동을 통하여 그려진 그림은 그녀에게는 Winnicott의 '중간대상'과 같은 경험이다. 이는 어린아이들이 유아기에 어머니와 떨어질 때 중간대상을 경험하는 것과 같다. 그녀는 아들과 모든 것이 연결되어 있음에도 사별을 견딜 수 있어야 되고 사실로 받아들여야 되기 때문이다. 이것은 그녀가 뿌리가 있는 자신의 생명나무를 그림으로써 가능하게 되었는데, 이 뿌리는 땅 위에 있는 울타리 아래로 침투하여 아주 깊숙이 갈라지게 되었다. 이러한 성인의 상징화 활동은 어린이이들이 어머니와의 분리단계에서 중간대상을 얻기 위하여 인형이나 곰 등으로 '행복하게' 되는 상징 활동과 비교될 수 있다. 사랑하는 사람은 비록 존재하지 않아도 이 상징에서는 중간대상으로 존재한다.

이러한 과정을 통해서 명백하게 드러나는 것은, 우리가 그림과정의 결과물만 감상할 것이 아니라 어떤 맥락에서 어떠한 상징이 그려졌는지를 알아야 한다는 것이다. 그림을 그리는 과정은 이러한 인식과정을 따라가고 이해하는 데 아주 중요한 역할을 한다. 바로 그림을 그리는 중에 우리는 갑작스럽게 그린 것에 대해 의식을 하게 된다. 손은 우리보다 앞서 간다. 그림의 과정은 이러한 의미에서 '중간형상'으로도 이해될 수 있다.

애도자가 사별의 고통 속에서 창의적으로 그림을 그릴 수 있을 때, 그는 Winnicott이 '중간 영역'이라고 부른 영역에 있다. 그 안에서 내적 변화가 이루어지며, 새로운 심리적 구조를 이룩할 수 있다. 이러한 의미에서 그림을 그리는 과정은 통합과정과 변형과정으로 볼 수 있다.

마지막으로 이 그림에 대해 지적하고 싶은 것은 H 여성이 아직 색을 사용하지 않았다는 것이다. 이것은 그녀가 그 당시 색을 사용한다는 것을 아직 감정적으로 받아들일 수 없었다는 것으로 해석할 수 있다. 색은 감정의 질을 표현하는데,[12] 그녀는 아들이 죽은 지 넉 달이 지난 그 당시도 아직 그에 대한 방어를 해야 했다. 그녀에게 색들은 아직 존재하지 않았으며, 색에 대해서는 전혀 생각을 하지 못했다고 그녀는 말했다. 그녀는 연필로 날카로운 윤곽을 그렸고, 그와 관련된 것을 정확하게 빈틈 없이 스케치할 수 있었다. 또한 그 상황이 실제 그랬던 것처럼 분명하게 그렸다.

앞의 그림에 대한 해석을 위하여 H 여성은 나중에 나에게 편지를 써 보냈다. "내 그림에 대한 당신의 해석을 자주 읽어 보았습니다. 그것은 가장 중요한 그림입니다. 손이 무엇을 잡을 수 있고 적절한 보조수단을 찾을 수 있다는 것은 아주 유익한 것이었습니다. 내가 그림을 그리지 않았더라면, 또 누군가가 나에게 말로만 이야기를 했다면, 나는 결코 그것을 믿을 수 없었을 것입니다.

그림은 말보다 더 명료한 것입니다. 과거에 나는 다른 것들만이 나를 위로할 수 있다고 믿었습니다. 그러나 이러한 그림을 통하여 내 자신을 위로하였으며, 또 위로할 수 있을 겁니다."

철 망

이 그림에는 그림을 그린 날짜가 적혀 있지 않다. 그러나 H 여성은 이 그림이 '다리' 그림과 '죽음과 탄생' 그림의 중간 즈음에 그려진 것으로 알고 있었다.

그림 묘사

그림의 중앙에 한 사람이 그물에 누워 있다. 사람과 그물은 이번에도 연한 연필로 그려졌다. 화시의 왼쪽 상단에는 완성되지 않고 윤곽만으로 표시된 나무 한 그루가 서 있다. 이 나무와 대각선을 이루는, 오른쪽 아래에서 시작한 검은색과 푸른색과 녹색 톤이 섞인 소용돌이 모양의 물결이 그림의 중앙으로 흘러들어간다. 갈색 톤으로 윤곽만 그려진 밝은 나무와 푸른 물결 모양의 소용돌이 사이에 사람이 그물 혹은 격자망에 두 팔을 벌린 채 누워 있는데, 이 그림에도 다리가 절단되어 있다. 이 사람은 성별 특성이 그림에 그려지지는 않았지만 여성으로 추측된다. 왼쪽 하단부에는 녹색 활

철망

엽수가 그림의 중앙을 향해 자라고 있다.

해 석

앞서 두 개의 그림을 그린 후에 이 그림에서 처음으로 색이 나타난다. 이것은 H 여성이 이제 색을 받아들일 수 있다는 것을 나타내며, 이 그림에서 감정의 질, 특히 녹색과 파랑을 체험할 수 있다는 것을 암시한다. 흔히 감정의 쇼크로 표현되는 최초의 애도 반응이 지난 후에, 서서히 감정을 받아들일 수 있게 된 것이다. 녹색과 푸른색은 자연에서 볼 수 있는 색으로 식물과 물의 색으로 쓰인다. 그러나 중심 인물은 아직도 연필로 그려졌다. 또한 두 번째 그림에서 중심 역할을 했던 나무는 여기에서는 섬세한 선으로만 묘사되었는데, 더 이상 검정이 아닌 밝은 갈색을 띠고 있다. 이러한 것을 커다란 상처의 흔적으로 이해해도 되는가?

자연의 성장을 나타내는 색인 녹색과 감정의 깊이, 동경, 자유를 상징하는 색[13]인 푸른색은 이 그림에서 특별한 역할을 한다. 그림에서 녹색은 아직 나무에 속하지 않고, 중심적 생명나무와 그림을 그린 여성의 자화상과 직접적인 관련을 맺고 있지 않은 채, 여성이 누워 있는 철망의 파수꾼 역할 정도만 하고 있다. 그러나 녹색은 이미 우리가 앞서 두 그림에서도 다루었던 '절벽' 아래서 서서히 자라고 있다. 그것은 금속그물을 보호하는 것으로 형상의 바로 곁에 있다. 이것은 형상과 H 여성이 동일시된다는 것을 암시하는데, 앞서 그린 그림에서 동일시하던 인물과 확실한 유사성을 보여 주기 때문이다. 여기에서 그녀는 더 이상 불안하여 이리저리 돌아다니지 않아도 되며, 비록 철망이 아직 딱딱해도 자신을 넘어뜨리지 않고 그 위에 누울 수 있는 여유를 가지게 되었다. 이 여성은 죽음의 경험에서 겪게 된 퇴행에서 한 발 나왔다는 것을 시인할 수 있지만 아직 그녀가 누워 있는 바닥을 부드럽게 할 만큼은 아니다. 그러나 그러한 토대가 있다는 것이 중요한 사실이다. 바닥은 불편해도 튼튼해야 한다. 이 그림에서는 아직 고행의 흔적을 느낄 수 있다. H 여성은 자기에게 일어난 사건과 아직 화해할 시기가 아님을 보여 준다.

다른 한편으로 십자 형태로 엮인 철망 '받침살대'의 형태로서 새로운 구조화를 암시하고 있는데, 이것은 퇴행적으로 해결하려는 위험과 파편화되는 위험을 물리칠 수 있다. 앞선 그림에서 가능하였던 위안이 여기에서는 표현된다. 철망은 앞의 그림에 있던 왼쪽의 허공에서 솟아난 다리처럼, 고정도 안 되었고 연결해 주는 주변의 것도 없지만 그대로 있다. H 여성은 이러한 절벽에 대해서 알고 있지만 그 사이에 발판도 알게 되었다. 그녀는 이러한 발판에서 서서히 자신을 회복하며, 그림에서는 그것을 철망 형태로 표현하고 있다.

H: "나는 다시 절벽을 그렸고 나무도 그렸지만, 그곳에는 식물이 자라고 있으며 이쪽에는 바다도 있습니다. 또 한 개의 망이 있는데, 나를 받치고 있는 철망을 생각했습니다. 그러니까 여기서 절벽은 더 이상 절벽이 아니라 나를 잡을 수 있는 어떤 망을 가지게 되었습니다. 당신은 건축에 필요한, 시멘트를 부어 넣는 철망을 알고 있나요? 그런 것을 생각했습니다. 그것은 해먹처럼 느슨한 것이 아닌 강철과 같은 것으로 나는 그 위에 누워 있었습니다. 그렇지만 나는 여전히 절벽과 나무에 대해서도 알고 있었습니다. 경사 아래로 식물이 무성하게 자랐어요. 그곳에는 바다가 있었고 나는 철망에 누워 있었지요. 그런데 절벽은 더 이상 나를 그렇게 위협하지 않아요. 다리는 여전히 절단되어 있지만 철망이 나를 잡고 있습니다."

CH: "예, 건축을 할 때 철망이 사용되지요. 건물을 지지해 주는 그 자체에 지지가 되는 그런 것이지요."

H: "예, 맞아요. 그것은 시멘트 처리제가 그 뒤에 뿌려지면서 모든 것을 고정시키고 연결시켜 주는데, 당시에 나는 그러한 망을 가지고 있었어요."

그녀는 철망의 그림을 자신의 상황을 다시 구조화하는 틀로 전이시켰다. 나는 이것을 파악하고 애도작업에서 다음 단계를 위한 상징으로 해석하였다.

CH: "그림을 해석해 보면 당신의 전 존재, 당신의 틀은 고통스러운 사별을 통하여 아주 흔들거렸으며, 그렇기 때문에 당신은 다시 안정을 얻기 위하여 이러한 철망이 아주 필요합니다."

H: "예. 틀, 그것이 정확한 단어입니다. 나는 그 당시에 완전히 박살난 것 같았지만, 다시 붙잡을 것을 가지게 되었습니다. 절벽이 있는 첫 번째 그림을 생각하면, 그때는 아무것도 존재하지 않았습니다. 그러나 이 그림에서 정확하게 알게 된 것은 나는 절벽 아래로 가서 바다에 이르렀다가, 다시 아주 높이 올라오는 그곳에서 틀을 의식한 것입니다. 심지어 나는 평화롭게까지 보입니다."

여기에서 우리는 그녀를 지지해 주는 틀인 철망의 상징적 의미에 대해서 다시 서로 확신하게 되었다.

첫 번째 그림과 결정적으로 달라진 것은 H 여성은 이제 더 이상 절벽에서 실오라기 같은 것에 매달려 아래로 떨어질 것 같은 위협을 느끼지 않고 버팀이 되어 주는 바닥에 누워 있으며, 비록 절벽이 있어도 그것을 이용한다는 점이다. 절벽은 이제 과거의 상징적 부분[14]인 왼쪽 편에 있는데, 더 이상 위협적이지 않고 심지어 식물이 무성하게 자라고 있다. 첫 번째 그림에서는 H 여성의 자아가 거의 망가진 것으로 표현된 반면, 세 번째 그림에서는 그 위험을 몰아낸 것 같다. 이렇게 내적으로 견고해신 배경에는 두 번째 그림의 상징화 과정이 결정적 역할을 하였다.

바다는 H 여성이 인식한 것처럼 '파도가 높아서' 위협적으로 보일 수 있으며 불안을 야기시킬 수도 있다. 이것은 정서적 혼란에 대한 불안을 표현할 수도 있다. 그러나 그녀는 이러한 굽이치는 큰 파도를 더 이상 위협적으로 느끼지 않는다. 이와 관련하여 나는 바다의 소용돌이가 오히려 치유적 작용을 시사한다고 생각하였다.

물로 상처가 씻겨질 수 있으며, 물로 목욕을 함으로써 치유가 될 수 있다.

한편, 철망에 누워 있는 사람은 앞선 두 그림처럼 아직 얼굴이 그려지지 않았다. 그러나 이 사람은 앞의 그림에 있던 사람보다 나이가 더 들어 보이고 더 여성적으로 보인다. 오른쪽 푸른 '삼각형 바다'에서 연상되는 것은 형태상으로 보아 뾰족한 것이 아래로 난 '여성적 삼각형'[15]에 가까운 것인데, 여기서 벌써 그녀의 기본적 여성성, 여성적 정체성에 대한 질문이 나오게 된 것이다. 소용돌이치는 파도와 그 움직임에서 여성의 음모를 연상할 수 있다.

녹색은 형태상으로 보아 다시 십자가를 연상시킨다. 그것으로 아들의 묘비에 있는 십자가를 생각할 수 있으며, 그 자체로 성호를 긋는 힘을 지닐 수 있다.

죽음과 탄생

이 그림은 3월에 그린 것으로 아들이 죽은 지 5개월째 되는 시기다.

그림 묘사

그림의 중앙에 아이가 두 팔을 벌리고 서 있는데, 이 아이는 반짝거리는 무지개 원과 연결된 빨간색 줄에 묶여 있다. 색 스펙트럼은 안에서부터 노랑, 주황, 빨강, 보라, 파랑 순으로 펼쳐져 있으며, 가장 바깥쪽은 녹색의 원이다. 빨간색 줄이 아이와 연결되어 있는데, 아이는 집중적으로 그려진 색원의 흰색 중심 내부, 즉 그림의 중심에 있다. 이러한 색원 주위의 바깥 공간은 검은색—검은 파스

죽음과 탄생

텔—으로 부드럽게 변화를 주는 구름 산들로 구성되어 있다. 이 산들은 화지의 아래까지 내려오며, 무지개 원 위를 지나 그림의 중앙까지 이어져 있다. 아이의 형상은 이두운 파도에서 솟아올라온 것 같은 인상을 준다.

왼쪽 아랫부분에 뒤집힌 돛단배 한 척이 보이는데, 배의 밑바닥이 새고 있고 돛은 망가진 것 같으며 한쪽은 부서져 있다. H 여성은 검은색 파스텔로 부서진 돛단배의 측면에 아주 분명하게 자신의 이름을 썼다. (익명을 위하여 이름이 적혀 있는 것을 가렸다.) 배의 꼭대기 반이 거의 무지개 원 안으로 들어가 있어서, 원근법상 원의 앞에 있는 것 같은 인상을 준다.

해 석

이 그림에서 최초로 받은 인상은 탄생이다. 아주 감격적이고 감동을 주는 한 인간의 부활에 대한 것으로, 화려한 색원 안에 있으면서도 검은 바다에서 태어난 그런 탄생에 대한 것이었다. 이러한 인상을 받은 것에 대해 이야기를 나누기보다, 먼저 그녀에게 그것을 설명하게 하였다.

H: "그러지요. 시작한 대로 말하자면, 나는 무지개부터 그리기 시작하였어요. 처음에 중앙까지 색이 있는 반원을 그린 후에 전체 원을 그렸습니다. 그 다음 그것에 색을 칠했습니다. 아주 즐겁게 색을 칠했는데 마음에 들었습니다. 좀 더 큰 종이를 가졌으면 더 크게 그렸을 겁니다. 그 다음 왼쪽 아래 편에 배를 그렸어요. 여기에서 물이 밖으로 넘쳐나는데, 그것을 검은색으로 칠을 하고 보니 좌초한 배가 되었지요. 그것은 시에서 표현하는 나룻배 같은 것으로, 말하자면 좌초된 작은 나룻배입니다. 보세요. 이 배는 검은 바다에 거꾸로 뒤집혀 있습니다. 내 자신을 그린 거지요." (그녀의 말에 의하면 그림의 중앙에 아이가 있고, 그 아이와 자신을 동일시하였다.)

CH: "그래요. 당신이 말하는 것처럼 좌초된 배를 왼쪽 하단 모퉁이에, 아무것도 없던 곳에 그려 놓았네요."

나는 그렇게 말함으로써, 애도과정에서 그녀가 첫 번째 그림의 텅 빈 자리를 이제 채워 넣거나 바라볼 수 있다는 것을 암시하였다.

H: "예, 바로 맞아요. 실제로 그것은 작은 돛단배였어요. 보시다시피 나는 그 배에 나의 이름을 아주 예쁘게 적어 넣었지요. 배는 좌초되어 더 이상 아무것도 할 수 없습니다."

H 여성은 이제 그녀의 삶을 돌아볼 수 있게 되었다. 그녀는 지난 십여 년간의 생활, 가족 · 남편 · 사업 · 공동체만을 위하여 살았던 삶, 오직 자신만을 제외하고 모든 사람들을 위해 살았던 삶을 돌이켜 볼 수 있었다. 자신의 삶의 배가 좌초되었다는 깨달음을 통해 그녀는 자신의 이름을 배에 썼다. 그것은 전적으로 자신만의 개인적 이름이며 남편을 비롯한 그 어느 것의 이름이 아니다. 자신의 인생 전체가 좌초되었다고 깨닫는 것은 그녀에게 고통스러운 일이었다. 그녀는 아들의 죽음을 통해 이런 것을 깨닫게 되었다. 그녀는 어떤 결정적인 것을 인식하게 되었지만, 동시에 자유로움도 얻게 되었다. 바로 이런 것이다! 그녀는 지금 이렇게 자기 인생의 돛단배에 대해 말할 수 있다. "그것은 난파되어서 더 이상 아무것도 할 수 없었습니다." 그렇지만 그 난파된 배에 대한 그녀의 애정을 엿볼 수 있는데, 여기에 바로 자기 자신을 위한 리비도의 경향이 보인다. 특히, 그녀가 "……실제 그것은 작은 돛단배였으며, 보시다시피 그것에 나의 이름을 적었어요.……"라고 말하는 것은 다시 한 번 자아에 대한 긍정적 확신을 나타내는 것인가, 아니면 일어난 사건과 화해를 하기 시작한 것인가?

여기에서 다음의 관찰이 중요하다. 그녀는 자신을 배와 동일시하지 않고, 오히려 중앙에 있는 아이와 동일시하였다. 배는 단지 지금 그녀가 자신의 삶을 어떻게 결산했는지를 보여 주고 있으며, 또 그것으로 모든 것을 포기하는 결정을 내린 것으로 이해할 수 있다. 그녀는 자신의 이름을 배 위에 적었지만, 이제까지는 자신의 삶에 자신의 비중을 너무 적게 두었으며, 자기 자신에 대해 거의 생각하지 않았다는 것을 보여 준다. 자신이 인생에서 거둔 결실에 대해서는 질문하지 않았다는 것을 이제야 스스로 볼 수 있게 되었다. 그녀는 다섯 아이를 낳아서 키웠고, 25년간의 결혼생활에서 남편에게 신의를 지킨 창의적 동료였으며, 공동체에서는 중요한 역할을 맡았다. 그런데 이런 모든 것으로 자기 자신에 대해서는 완전히 잊어버렸다. 이 사실은 그녀의 아들이 "엄마, 엄마는 까다롭지 않은 사람이야."라고 한 말과 일치한다. 까다롭지 않고 반론 없이 모두를 만족시키며 항상 다른 사람을 생각하는 대개의 여성들처럼 그녀도 역시 그렇다는 것이다. H 여성은 그녀의 개인사와 다른 많은 여성들의 삶의 역사를 나란히 놓았다.

"그런 것을 깨달은 후에 나를 그렸습니다."라고 그녀는 말했다. H 여성은 여기서 다채로운 색원과 빨강 끈으로 연결된 중앙에 있는 아이와 자신을 동일시한다. 아동과의 동일시 형상은 모든 애도과정에 일어나는 그녀의 퇴행상태를 암시할 수 있지만, 이 형상은 이제까지의 그림에서 보였던 동일시 형상과는 완전히 다른 형태다. 즉, 형상은 더 이상 절벽에 매달려 있거나 심한 불안으로 이리저리 서성거리지 않으며, 딱딱한 철망에 누워 있는 것이 아니라 껑충껑충 뛰며 즐거워하는 아이를 그렸다. 더구나 이 아이는 앞선 그림들의 동일시 형상처럼 아직 한쪽 다리가 없지만, 이 그림에서는 정말 다리가 없는지 혹은 다리가 보이지 않게 그렸는지를 완전히 확인할 수가 없다.

H: "보세요. 중앙에 실제로 물에 있는 나를 그렸어요. 다리는 아직 없지만 확실히 몰라요. 어쩌면 다리가 물 속에 있을 수도 있어서 다시 보일 수도 있고 보이지 않을 수도 있어요. 지금은 그것을 그 이상 확실하게 알지 못해요. 그것은 어쩌면 물 속에 있을지도 모르지

요. 그래요. 나는 마지막에 탯줄도 함께 그렸어요."

CH: "당신은 스스로 그것을 탯줄로 봅니까?"

H: "음, 그것을 아직 모르겠어요. 그것을 피에, 빨간색에 연결시키려는 생각이 떠올랐어요. 그것을 가장 마지막에 그렸어요. 우리 모임의 모든 사람들이 그림그리기를 끝내고 함께 앉아 있는데, 나는 빨간색을 골라 다시 그것을 그렸어요."

CH: "당신이 이 빨간색 줄을 탯줄로 본다면, 이 그림은 탄생 그림이 되겠군요?"

여기서 나는 그녀에게 직접적으로 물어 본다.

H: "예, 그것은 탄생의 그림입니다. 그것은 자궁과 같았는데, 당시에 나는 아무것도 의식하지 않았습니다. 나는 단지 지금 크레용을 가지고 탯줄을 그리고 있구나라는 느낌만 들었어요. 그러한 아이디어가 떠오른 순간 너무 행복한 기분이 들었습니다. 그것은 마치 그림 전체에 있는 왕관과 같았습니다."

CH: "당신은 다시 더 작아졌는데요……."

H: "……예. 다리, 팔, 모든 것이 더 짧아졌는데도 그것이 전혀 눈에 띄지 않았어요. 그것은 실제로 아기 같아 보였어요."

CH: "당신은 당신의 아이를 잃어버렸지만, 지금은 아이를 잃은 것을 넘어 당신 자신을 볼 수 있으니, 당신 스스로 다시 태어나게 된 거네요?"

나는 탄생 그림과 아기에 대한 상상이 애도과정의 중요한 단락을 의미한다고 보았다. 그리고 그녀에게 그것을 확인하려는 의도에서 말하였다.

H: "죽음과 탄생, 그것은 여기 그림 안에서 하나가 되어 있습니다."

이 그림에는 잃어버린 자기를 찾는 의미로서, 좌초된 배와 부활의 과정, 자기탄생 간의 관련성이 존재한다. 그녀는 자신의 상황, 다시 말해서 자신에게 일어난 상황을 억제하지 않고 온전하게 다 보여 준 다음에야 고유한 '자기'를 탄생시킬 수 있었다.

이 그림은 바로 앞의 그림처럼 상징화 과정을 보였는데, 이것이 그녀에게 아주 행복한 경험을 가져다 주었다. 그녀는 스스로 아이와 자신을 동일시함으로써 다시 탄생하였고, 더 이상 살지 않으려고 했던 아들을 잃은 충격을 통해 과감하게 자기 존재에 대해서 말할 수 있게 된 후에야 그런 행복감을 느낄 수 있었다. 실제 탄생의 과정이 어머니의 양수에서 나오듯이, 여기에서도 물에서 이루어졌다. 또한 그것은 상징적으로 모든 것이 태어나는 근원인 물, 바다다. H 여성에게 이 물은 검은색인데, 이는 근심의 근원인가? 어쩌면 여기에는 아직도 그림에서 자주 검은색이나 회색으로 보여 주는 우울의 경향이 아직 존재할 수도 있다.

H: "물, 나는 그것을 정확한 검은색으로 칠해야만 했습니다. 아시다시피 화지가 너무 밝아서 정말 힘 있게 칠을 해야만 했어요. 나는 더 힘 있게 칠하기 위하여 크레용을 비스듬히 잡았지요. 이 물은 반드시 검은색이어야 했어요. 소용돌이 치는 것처럼 그려서 정말 움직이는 물 같았어요. 나는 도저히 푸른 물을 그릴 수 없다고 믿었어요. 그것은 검은색이 되어야 했습니다. 그래서 크림색의 양수와 같은 색은 절대로 칠하려고 하지 않았어요."

CH: "검은색으로 그리는 것이 당신에게 어떤 느낌을 주었는지 아직 기억하고 있나요?"

검은색의 감정적 의미를 그녀와 연결하기 위하여, 그녀에게 검은색과 연결된 감정 뒤에 어떠한 느낌이 들었는지 알아보는 것은 나에게 중요하였다.

> H: "나는 아직도 그림이 깨끗했던 순간을 기억합니다. 그곳에 경탄할 만한 색색의 원이 그려졌고, 또 기필코 검은색을 칠해야 되는 것이 중요하다는 느낌이 들었어요. 왜냐하면 밝은 것은 거기에 전혀 어울리지 않았어요. 내가 이 색들의 세계에 검은색을 아주 진하게 칠하고 난 후에야 서로 어울렸지요. 인생은 검은색과 더불어 진정으로 존재한다는 느낌이 들었어요. 그렇지 않다면, 어울리지 않는 곳에 있는 그림엽서처럼 그냥 아름다운 그림이겠지요. 검은색을 그 위에 칠하고 난 다음에야 어울리는 그림이 되었어요. 결코 실수로 그림을 망친 것이 아니에요."

분명한 것은 검은색이 없는 아름다운 색원 하나만으로는, 이 그림은 죽음—검은색—을 아직 모르는 탄생과 같았을 것이다. 이 그림은 죽음을 알고 있는 탄생에 대한 그림이다. 검은색으로 죽음뿐만 아니라 '삶을 완전하게 사는' 것이었다. Jung이 불교-티벳 만다라를 완전한 그림이라고 말한 것처럼, 중심과 여러 색이 스펙트럼이 동시에 있는 그림은 일종의 '만다라'를 나타낸다. Jung은 환자들이 자발적으로 그린 만다라 형태를 비교한 연구에서, 만다라 그림은 그리는 사람 자신에게 항상 중심적이고 구조적이며 통일적 효과를 준다고 하였다. 인생에서 자아 전체가 산산히 부서질 위기에 처한 사람들은 자주 만다라 그림을 그린다. 만다라는 인간의 '조절하는' 중심적 힘, 즉 자기를 상징적으로 묘사하는 그림이다. 만다라가 그려지는 곳에 자기(自己)가 이루어진다.[16)]

그 외에도 무지개 원은 H 여성에게 감정이 다시 태어나게 된 것을 보여 주며, 빨간색으로 표현할 수 있는 고통의 감정도 보여 준다. 그러나 동시에 그것은 만다라와 탯줄의 상징과 연결되어 있으며, 더불어 그녀는 새로 탄생한 아기처럼 아직 어머니 가까이, 어머니 품 안에 연결되어 있다. 그녀는 이러한 순간에 조금은 '어머니' 가 될 수 있다. 그러나 H 여성은 이러한 감정에 압도되지 않고 카타르시스를 경험한다. 그녀는 행복한 감정에 대해 이야기를 한다. 그러나 이 시기에도 고통스럽고 불안한 시간들이 있었다. H 여성은 자동차를 타고 가다가 갑자기 차를 멈추고 엄청나게 울어야 했던 때가 자주 있었다고 말해 주었다. 그녀에게 일어난 사건과 그에 관련된 감정들이 항상 주기적으로 자신을 덮쳤기 때문에, 그럴 때마다 그녀는 길이 끝나는 곳까지 차를 몰고 나가야 했고, 눈물을 폭포수처럼 흘리며 다시 '분출하는 감정의 단계' 를 만났다. 그러나 동시에 그러한 것은 이미 '새로운 자기관계와 세계관계의 단계' 에 전진적으로 나아가고 있다는 것을 암시한다. 또한 그럴 때마다 그녀는 자연으로 나가서 움트는 새싹들을 보며 마음을 진정시켰다. 그렇게 함으로써 계속해서 살아야 한다는 느낌을 가질 수 있다. 그녀는 '아직 무엇이 있다.' 는 것을 느끼기 위하여 새싹들을 의식적으로 만져 보아야 했다. 때는 겨울이 지난 첫 봄이었다. 강한 감정이 일어나는 검은색에서 이러한 시간들도 함께 어우러진다.

이 그림에서 H 여성이 자기탄생에 대해 다룬다는 것은 뛰어오르는 아이가 자기를 본다는 느낌을 받은 것에서도 나타난다.

> H: "나는 내 눈이 이미 조금씩 세상을 바라본다는 느낌을 받았으며, 손가락들도 이미 조금씩 열려 있다는 것을 느꼈어요. 그것은 마치 근본적으로 아주 아름다운 움직임인 것처럼 뛰고 있으며, 정말 아

이의 움직임처럼 보였어요."

H 여성은 그녀가 이 아이를 그릴 수 있어서 만족한다. 또한 자신도 한때는 아이였던 그녀가 다시 아이에게 다가갈 수 있다는 것을 발견하였다. 그녀는 아주 명랑하고 움직이는 것을 좋아하는 활발한 어린이였다. 또한 그녀는 아이가 어린이의 상징에 어울리는 원 안에 있는 것을 발견하였다. "이 모티브(내면의 아이)를 받아들이면, 우리에게 미래에 대한 희망이 솟아나고 새롭게 되며 독립적으로 성장하게 됩니다."[17] H 여성이 말하지 않아도, 나에게는 이 그림이 그녀 자신의 새로운 탄생과 더불어 그녀의 영혼에 간직한 잃어버린 아들의 재탄생을 의미할 수도 있다는 물음이 떠올랐다.

사 막

이 그림은 H 여성이 이스라엘로 여행을 다녀온 후에 그린 것이다. 그녀는 이스라엘에서 여행단과 함께 모세산 원정을 시도하였다. 자식들과 그녀의 친구와 함께 간 여행이었는데, 그녀는 특히 그곳 풍경들을 기억하였다. 이 그림은 모세산을 원정한 날을 기억하며 그린 것으로, 이는 아들이 세상을 떠난 지 반년이 되는, 부활절이 막 지난 후에 그린 것이다.

그림 묘사

여기에 또다시 연한 연필 선으로 그려진 사람과 그 뒤에 그에 비해 거대하게 보이는 산의 중심부가 우뚝 솟아 있다. 산들은 연필로 그려졌다. 화면의 대부분이 산으로 이루어졌다. 그림의 앞면, 화

사막

면의 중앙 아랫부분에 사람이 지팡이를 잡고 있다. 이 사람은 앞서 「다리」 그림에서 그녀와 동일시된 형상처럼 오른쪽 방향으로 가고 있는데 이번에는 목발이 전혀 필요가 없다. 다리가 자라서 두 다리로 설 수 있기 때문이다. 다리가 있는 곳이 이미 그림의 하단부 끝이기 때문에 발은 그려지지 않았다.

신체 중심에 있는 횡선은 이 사람이 마치 바지를 입고 있는 것 같은 상상을 불러일으킨다. 이번에는 얼굴에 눈 외에도 코와 입의 윤곽이 보인다. 머리카락은 약간 곱슬머리다. 두 팔은 앞으로 향하고 있으며, 왼손은 지팡이를 잡고 있다. 연필로 그린 원은 이 사람의 머리와 가슴 부분을 감싸고 있어서 형상의 한 부분이 되어 있다. 이 원은 손잡이처럼 지팡이에 연결되어 있다.

원 안에는 8개의 다양한 잎들이 있다. 이 잎들은 특별히 섬세하고 분화된 기술로, 즉 색과 형태를 아주 섬세하게 그렸기 때문에 감상자의 시선을 끈다. 모든 잎들은 서로 다른 녹색 톤으로 그려졌는데, 어두운 톤에서부터 밝은 노란색, 녹색으로 가는 다양한 색상을 보인다.

연필과 색연필로 그린 그림은 수채화에 비해 더 세밀하고 통일된 그림을 보여 줄 수 있다. 더구나 여기에서는 H 여성의 기술도 한몫을 한다. 대화를 통해서 알게 되었는데, 내가 '원과 연결된 지팡이'로 여겼던 것을 H 여성은 "여행자의 지팡이가 아닌 거대한 확대경"이라고 하였다.

해 석

거대하고 웅장하게 보이는 산맥의 중심부는 H 여성이 극복할 수 있는 문제들을 제시할 수 있다. 특히, 남편과의 위협적인 결별은 그녀 앞에 '산처럼' 서 있었다. 그러나 그림에 있는 산맥은 비록 배경으로 그려졌지만, 녹색식물에 집중된 앞쪽의 형상이 더 강조되었기 때문에 그렇게 억누르는 느낌을 주지 않는다. 식물들은 원 안에 있으며 사람도 그것의 일부분이다. 중간에 있는 정사각형으로 보이는 산 구획은 첫 번째 그림의 '절벽'을 연상하게 한다. 그와 비슷한 형상을 하는 산맥 중심부의 가장자리에 사람이 걸려 있는 것처럼 보인다. 우리는 여기서 내적으로 연관성이 있는 두 그림의 그림요소들에서 형태도 연관이 있다는 것을 알게 된다. 그러나 이 그림에서는 추락의 위험이 완전히 사라져, H 여성은 심리 내적으로 그녀의 정신적 심연에 도달한 것 같다.

원 안에 있는 식물들은 그림의 중앙축 주위에 집단을 이루고 있어서, 그림을 그린 여성의 경험에 중심이 될 수 있다는 힌트를 준다. 그것은 한 가지 색으로만 그려졌다. 그림의 중앙에 있는 것은 주로 그림을 그린 사람에게 가장 중요한 요소들이다. 여기에서도 그렇게 보이는 것이 이중적으로 제시된다. 하나는 확대경으로 비추어진 그림요소를 확대하여 그린 것이고, 다른 하나는 색을 칠한 것이다. 잎에만 색을 칠한 것이 눈에 띄며 감정을 불러일으킨다. 그것을 통하여 심리 내적으로 무엇을 표현하려는 것인가? 이에 대해 H 여성은 다음과 같이 말한다.

H: "그곳에 거대한 확대경을 그렸습니다. 내가 확대경으로 정확하게 들여다보았을 때, 사막이 녹색이라는 것과 그곳에서 꽃이 피고 향기가 있다는 것을 알게 되었습니다. 약초들도 그곳에 있는데, 소량인데도 우리가 보는 약초들보다 훨씬 강했습니다. 또한 그곳에서 잎맥들의 균열을 정확하게 보았습니다. 처음에는 한 개의 잎을 땄고 다음에는 잎을 씹어 보았으며 또……."

CH: "당신은 각각의 이파리들을 아주 세밀하게 그렸어요. 보세요. 심지어는 종류들을 다 알 수 있게 그렸네요. 이것은 떡갈나무 잎이고 이것은 또 다른 건데요?"

H: "예. 나는 의식을 하며 그렇게 그렸어요. 맞아요."

CH: "바로 그렇게 당신이 당신의 인생에 다시 개별적인 것, 작은 것에 주의를 기울어야 되는 것처럼……."

이러한 말에서 나는 H 여성이 확대경의 의미를 실존과 심리적인 것으로 전이할 수 있는 능력과 사물들을 '확대하여' 볼 수 있는 능력을 발견할 수 있었다.

H: "예. 사실이 그렇습니다. 넓게 보았을 때 내 주변에 있는 모든 것들이 생명이 없다는 느낌이 들었습니다. 그러나 정신을 모아 집중해서 실제로 보자, 어떤 것을 발견하게 되었습니다. 나는 아직 여행 안내자가 한 말이 기억납니다. 그는 '전문가만이 사막에서 살아 남을 수 있다.' 고 말했지요. 양철 물통을 가지고 그렇게 오가는 사람들은 결코 사막에서 살아 남을 수 없습니다. 사막에서 살려고 하는 사람은 그곳에서 생명을 주는 신호, 즉 어디에서 무엇을 가져올 수 있고 어디에 물이 있는지를 아는 사람이며, 특정한 장소에 물을 모을 수 있다는 것을 정확하게 알고 거기서 뿌리를 파낼 수 있다는 것을 아는 사람입니다. 이러한 사람들이 전문가들입니다. 내가 그것을 분명하게 인식하게 된 것은 사막에서도 사람이 살 수 있으며, 우리가 그것을 단지 모르고 있다는 생각을 했기 때문입니다. 나는 그것을 어떤 방식으로든 응용할 수 있었습니다. 즉, 인생의 사막에서 나는 전문가에 속하게 되었는데, 그곳에서 내가 여기저기서 살며 마실 것과 먹을 것을 얻을 수 있는 그러한 삶의 가능성을 성취할 수 있기 때문입니다. 이것은 그렇게 해서 그려진 그림입니다. 그러나 그러기 위해서 나는 작은 가능성들이 있는 곳을 아주 집중적으로 보아야만 했습니다. 다시 말해서 확대경으로 그것을 찾기 위하여 사막을 돌아다녀야만 했습니다."

H 여성은 그녀 자신만의 생존기술을 '사막에 있는 전문가' 에 비유한다. 또한 그를 위해 그녀 스스로가 발견한 상징인 확대경이 있는데, 그것으로 삶을 찾고 마침내 발견하게 된다.

그녀는 이와 관련하여 우리가 애도연구에서 알고 있는 경험을 전한다. "모든 것이 죽은 것 같아 보입니다."라고 말하며, 그녀는 다른 기회에 이러한 상황을 구체적으로 말한다.

H: "이 기간 동안 나는 이미 죽은 것 같다는 생각이 자주 들었어요. 창밖을 내다보거나 시내에 장을 보러 가서 주변을 돌아보았을 때, 모든 사람들은 걸어다니며 모두 살아 있는데 나만 죽은 것 같은 느낌이 항상 들었어요. 나는 그렇게 느꼈습니다. '이곳은 사람들이 사는 세상이다.' '나는 이곳과 완전히 단절되어 완전히 다른 세상에 떨어져 있고 더 이상 삶과 연결되어 있지 않아…….' 도시는 생명이 약동하고 있는데, 나는 내 자신에게 더 이상 생명을 느낄 수 없었습니다."

그녀는 세상에 대해 회의적이 되어버렸고 어떤 것도 당연하게 여겨지지 않았으며, 내적 세계와 외적 세계에 대한 인식이 완전히 달라졌다—변화된 주변환경, 변화된 자기인식, 변화된 삶의 감각 등의 체험은 소외, 혼란과 나아가 고독감으로 나타난다. 이러한 상황은 '혼돈스러운 감정'[18)]에 해당하며, 애도자들에게 특별히 나타나는 반응인 박탈감[19)]에 속한다. 이러한 특정한 애도 체험에서 H 여성은 '인생의 사막'이라는 개념을 발견한다.

그렇지만 그녀는 사막에서 죽음과 사멸뿐만 아니라 그 반대의 것도 발견한다. 여기에서 생명은 근원적 형태로 보이지만, 단지 전문가만이 그것을 발견한다.

그녀의 설명에 따르면, 애도하는 자는 삶을 다시 발견해야 되고 새롭게 배워야 하며 바로 들여다보고 정확하게 보아 생명이 있는 곳이 어디인지 찾아야 되는 것 같다. 그러니까 가장 진정한 의미에서 '인생을 새로이 배우는' 것이다. 그것은 사막의 상징과 잘 맞아떨어지는데, 그곳에서도 모든 것을 정확하게 들여다볼 때만 생명을 보게 된다. H 여성은 그러한 숨겨진 생명을 찾기 위하여 거대한 확대경을 선택한다.

또한 당시에 그녀는 생명의 가능성에 대한 조그마한 흔적이라도 다시 발견하기 위해서, 자세히 들여다보는 데 특별히 사용되는 대물렌즈와 주의를 기울이는 것이 심리 내적으로 필요하였다. 그런데 특이한 것은 그녀가 이 시기에 이러한 대물렌즈를 선택하고 주의를 기울이며, 아주 작은 생명의 가능성을 받아들이기 위하여 다시 그림을 그리기 시작하였는데, 이때가 바로 「죽음과 탄생」을 그린 후였다. 그녀는 자신의 좌초된 상황을 받아들일 수 있고, 자아가 망가진 곳에서 말로 표현하기 힘들 정도의 자기 탄생을 경험한 후에야 자신에 대한 관심과 자신의 가능성에 새로 마음을 열게 되었다.

그녀는 확대경을 그린 원의 형태에서 앞서 그린 만다라 형태를 다시 인식한다. 즉, 전진적인 원상복귀 과정을 보이는 형상을 인식한다. 원의 형상은 어떤 숨겨진 것, 감싸는 것, 그에 내포된 것을 보호하는 것으로, 여기서는 부드러운 생명의 싹을 묘사한다. H 여성은 첫 번째 그림에서 그녀와 동일시한 인물을 완전히 무방비상태로, 벌거벗은 채로, 또 그녀가 그린 덮개를 자신을 보호하기 위하여 잡을 수도 없는 상태로 묘사한 반면, 이제는 자신을 위해서 다시 어떤 것을 마련할 수 있게 되었다. 예를 들어, 그녀가 그 당시에 나에게 이야기한 것처럼 외부의 집요한 상황에 대해 거리를 두기 시작한 것에서 볼 수 있다.

이 그림에서 눈에 띄는 것은 이제까지 벗은 채로 있었던 사람이 옷을 입고 있다.

CH: "이 사람은 옷을 입었군요."

여기에서 나는 사람이 옷을 입고 있다는 것을 말한다. 그에 반해 H 여성은 더 근원적인 것을 연상한다.

H: "음, 그것은 혁대나 그런 것이겠지요? 그것은 인간이 최초로 걸친 옷과 같은, 허리에 두르는 천일 수도 있어요."

그녀는 '최초의 인간'이 처음으로 몸에 두른 천과 자신을 비교하였다. 이것으로 그녀는 더 이상 완전히 벗은 상태가 아니다. 그녀는 여기에서 두 번째 그림 「다리」에서 동일시한 형상과 같은 것을 볼 뿐만 아니라, 냄새를 맡고 맛을 볼 수 있게 되었다. 이것은 자연과의 교감을 통해 일어날 수 있다. 그녀는 자연을 느끼고 냄새를 맡으며 맛을 봄으로써 다시 자신을 느낄 수 있었다. 감각기관들이 다시 기능을 되찾게 되었으며, 추락의 위기에 있는 퇴행상태는 더 이상 그렇게 위협적이지 않았다. H 여성은 다시 삶과 연결되었는데, 이는 특히 자연의 체험을 통해서 이루어졌다. 그 밖에도 그녀는 아직은 선택하여 만나는 상태이기는 하나 사람들을 만나기도 했다. 그녀는 앞으로의 접촉을 위하여 자신을 이해하는 사람들을 찾는다. 이제까지 알던 많은 사람들은 제외하였다. 그녀는 다른 면담 기회에 이에 대해서 이야기하였다. H 여성은 집중에 대해서 이야기한다. 즉, 자기 자신에 대한 집중, 중요한 것에 대한 집중, 이제까지는 중요하게 여기지 않았던 작은 것에 대한 집중에 대해서 말한다. 여러 번의 인터뷰에서 그녀는 사막에서 녹색을 발견하기 위하여 항상 얼마나 정확하게 들여다보아야 했는지를 말하였다. 그리고 그곳에서 처음으로 사막은 그녀가 그때까지 상상했던 아무것도 없는 곳이 아니라, '놀랍도록 많은 녹색이 있지만 사람들이 정확하게 들여다보아야 하고, ……모든 틈에서 녹색이 나올 수 있지만, 정말 깊이 들여다보아야만 볼 수 있고 그렇지 않으면 볼 수 없는' 곳이라고 이야기하였다.

새로운 정체성, 새로운 자기관계와 세계관계를 서서히 이룩하는 것을 여기에서 볼 수 있다. 그것은 심리적 애도연구에서 애도작업의 마지막 단계로 특징지을 수 있는 재생의 과정이다.[20]

회복과정으로 들어왔다는 것을 알 수 있는 것으로 그림에서 다리가 자라며, 앞서 언급한 대로 다른 감각기관이 보인다. 이는 앞선 그림들과 비교해 볼 때 아주 괄목할 만한 변화다. 그녀에게 다리가 다시 자라고 있다. 또한 우리는 탯줄이 끊어진 것을 본다. 실제로 다리를 잃은 그녀의 아버지와 달리, 그녀에게는 '다리가 다시 자랄 수' 있다. 그림에서 다리의 절단은 H 여성에게 '어머니 앞에서 잔인하게 아들을 빼앗아간' 상황을 심리 내적으로 경험한다는 것을 보여 주는 상징이다. 톱질로 아버지의 다리가 잔인하게 절단되었던 것보다, 아들이 자살의 방편으로 달리는 기차에 몸을 내던져 박살나도록 한 것이 그녀에게는 더 잔인하게 느껴졌다.

인간 천사

이 그림은 아들 H가 죽은 지 거의 1년이 지난 후에 그려진 것이다. 이 시기에 그녀의 남편은 다른 여성과 사귀고 있었다.

그림 묘사

이번에도 그림의 중앙에 있는 중심 형상과 만나게 된다. 형상은

인간 천사

몸이 왼쪽 방향으로 향하고 있는 반면, 머리는 오른쪽으로 돌리고 있다. 얼굴이 완전히 그려졌는데, 분명하게 뜬 눈과 코와 입이 있고 약간 곱슬머리를 하고 있다. 이 형상은 날아오르는 날개 방향으로 시선을 두고 있다. 이 날개는 오른팔에 해당하는 것으로 오른쪽 상단부를 가리키고 있다. 이에 반해 왼쪽 팔은 몸에 붙어 있다. 그리고 이번에도 젖꼭지와 배꼽을 분명하게 그렸다. 이 형상에는 지난 번 그림과는 달리 왼쪽 방향으로 가고 있는 것을 표시한 발을 더 그려 넣었다.

이 인물은 그림의 중앙에 서 있으며 앞서 그렸던 형상보다 더 크다. 이 인물은 연필로 그려졌는데 이번에는 선이 더 강하다. 또한 갈색 땅 위에 서 있는데, 이 땅은 마치 왼쪽 아래 공간에서 나뭇가지가 떨어져 나온 것 같으며, 일부는 갈색 활의 부분이기도 하다. 이것은 왼쪽 하단부에서 상단부까지 오른쪽으로 반원을 그리고 있다. 이것이 그림의 왼쪽 전체를 차지한다. 이 활 모양은 거의 같은 폭을 가진 푸른색 반원과 엇갈려 교차하고 있다. 이 푸른 반원은 위에서 아래까지 화면의 왼쪽으로 반원을 그린다. 이 두 개의 반원이 서로 엇갈림으로써 중앙에 아몬드 형태가 만들어지게 되었으며, 그 안으로 인물의 머리가 있게 된다. 그림을 원근법적으로 보면, 형상이 앞쪽을 차지하고 갈색 반원의 일부를 덮고 있으며 그 뒤로는 푸른색 반원이 있다.

해 석

H 여성이 항상 말했던 앞서 그린 그림들과는 달리, 이 그림에서는 처음으로 중앙에 그려진 인물과 자신을 분명하게 동일시하지 않는다. 그녀는 이 그림 속 인물이 누구인지 확실히 모른다.

> H: "나는 여기에 무엇을 그렸는지 모르겠어요. ……우선 와닿은 것은 나는 항상 뒤를 돌아보았으며, 아직도 앞을 보지 않고 있다는…… 예, 아직도 삶과 죽음 사이에 있는 것 같아요. 이 날개……음, 나는 이것으로 천사가 되어 다른 세상에 눈을 두고 있는 아들을 생각합니다. 눈빛은 그쪽으로 가고 다리는 다른 쪽으로 가고 있는, 말하자면 두 경향이 보이지요. 바로 이 두 개의 고리처럼 두 경향이 있어요. 비록 그는 갈색 고리와 떨어진 곳에 서서……바라보지만……."

그림을 보면 H 여성은 아직 불확실하다. 그녀는 그렇게 함으로써 자신 혹은 자신이 말한 '천사가 된 아들' 을 그리려고 하는가?

CH: "날개가 아주 아름답게 보입니다. 당신은 이 그림과 날개에 어떤 관련성을 지으려고 합니까?"

H: "그리움을 생각했어요.……신앙은 나의 삶에서 언제나 중요한 역할을 하였지요. 마음속 깊은 곳에 있는 이러한 동경입니다. 누구나 한 번은 혹은 언제나 의지하게 되는 그러한 심오한 곳에 대한 동경입니다. ……나는 어디에서 와서 어디로 가는 것인지?"

이 시기에 남편이 다른 여성을 사귀기 시작했지만, H 여성은 그림의 인물이 설 땅을 찾은 것처럼 자신도 발 아래 더 많은 지면을 얻을 수 있었다. 적어도 부분적으로 자신과 동일시한 그림 속의 인물은 눈을 뜨고 있으며, 시선이 안으로만 향하고 있는 것이 아니라 밖으로도 향하여 자신이 현재 실제로 어떤 상태인가를 보고 있다.

그러나 왼쪽 팔 대신에 상단 오른쪽을 가리키고 있는 날개는 구체적이고, 외적 현실을 그리는 묘사 형식을 넘어 그녀 자아를 위한 동일시 형상으로 존재한다. 여기에 상징화 과정이 있는데, 그녀는 이를 통해 자신의 내적 현실을 그린다. 즉, 상징적으로 천사의 날개가 자라고 있는 아들, 그 아들은 변하고 있으며 새로운 차원에 속한다는 것을 제시하고 있다. H 여성은 아들을 자신 안에서 '재발견' 하였다. 다음의 인터뷰에서 이것이 분명해졌다. 나는 그림에 대해 종교적 차원으로 접근한다.

CH: "……그런데 지금 당신의 아들은 어디에 있습니까, 그는 어디에 있지요?"

H: "아, 아주 혹독한 질문을 하시는군요. 아직도 나는 이런 질문을 하

게 됩니다. 아들아, 너는 어디에 있니, 어디로 날아가 버렸니? 그러나 그러한 질문을 한다고 그가 더 이상 존재하지 않는 것처럼 느끼는 것은 아닙니다. 그는 이미 그곳에 있고 어떤 점에 있어서는 아주 가까이 있는 것을 느꼈습니다. 나는 그렇게 느낄 수 있게 되었습니다. '우리가 서로 안 좋은 상태로 갈라졌으며, 내가 아들에게 못할 짓을 한 것' 과 같은 그런 것이 아닙니다. 우리는 서로 마주 보고 설 수 있었습니다. ……그가 팔로 나를 감쌌던 것처럼, 그가 이웃의 장례식에서 나를 팔로 감쌌던 것처럼, 그래서 내 기분이 좋아질 수 있었던 것과 같은 그러한 체험을 할 수 있었지요."

CH: "그러니까 당신은 아주 다른 차원에서 그를 다시 얻게 되었군요. 그렇지요? 어쩌면 내적 심상, 즉 당신은 그의 팔이 당신을 감싸고 있다는 느낌을 받을 때, 그는 내적으로 현존하고 있군요……."

H: "예. 나는 그의 죽음을 완전히 의식하게 되었습니다. 그리고 지금은 어느 정도 그것을 즐길 수 있게 되었습니다. 그는 나를 감싸고 있으며, 나는 더 이상 가슴을 주먹으로 치면서 '너는 어떤 일을 저지른 거니?' 라고 말하지 않게 되었습니다. 나는 처음에는 그렇게 생각하였고 그렇게 느꼈으며 소리를 쳤습니다……. 그러나 지금은 다른 것도 가능하다는 것을 생각하면 마음이 편해집니다."

그녀는 이렇게 말하면서 자신이 겪은 폭발하는 혼돈스러운 감정의 단계, 두 번째 애도단계, 감정의 폭발단계, 비탄과 비통의 단계를 아직도 잘 기억하고 있다.[21] 그러나 지금 그녀는 이미 새로운 단계, 즉 찾고 발견하고 다시 이별하는 단계에 와 있다. 이 새로운 단계에서 그녀는 죽은 아들을 내적 현실로 다시 얻게 되었으며, 점차 아들이 삶의 반대쪽을 결정한 것을 수용하게 되었다. 더구나 그가 죽음의 방법으로 선택한 것과 그녀에게 항상 큰 고통이었던 죽음의 방식도 받아들이게 되었다. 그녀는 그런 터널을 지나 애도과정의 매우 중요한 단계에 이르렀으며, 마침내 아들의 상실과 자기 자신 및 죄책감과 화해할 수 있게 되었다. 그녀는 여기에서 '찾고 발견하고 다시 이별하는' 단계를 이미 마감하게 된다.

CH: "그림에서는 마치 그가 (여기에서 나는 아들을 보는 그녀의 입장에서 이야기를 한다) 자신의 날개로 길을 가리키거나 날갯짓을 하는 것처럼 보여요.……나는 바로 여기에서 샤갈이 생각나는데, 그도 천사가 실제 있는 것처럼 그림에 천사를 그렸지요……."

H: "…… 이제 나를 위해 좋은 생각을 할 수 있게 되었습니다. 그 당시 나는 여류 화가로부터 그림 한 점을 구입하였어요. 그것은 「수호천사」였어요. 그림은 1,000마르크였는데 나에게는 매우 큰 액수였지요. 그 그림에서 천사의 머리가 길다는 인상을 받았는데, 나의 아들도 머리가 길었으며 금발이었지요, 수호천사는 사람의 머리를 하고 있으며, 그 자체로 편안한 느낌이 들었어요. 아주 편안하게 감싸주는 그런 느낌 말이에요. 그래서 그 그림을 구입했습니다. 맞아요. 이 그림에는 아마도 나의 일부와 아들과 수호천사가 공존할 수 있어요."

나는 H 여성이 그림의 인물에 자신과 아들, 두 사람을 함께 생각할 수 있었다는 생각이 들었다. 그것은 무엇을 의미하는가? 그것은 '초월적 기능'(C. G. Jung)에 대한 반대 작용의 결과로서 꿈의 언어와 비슷하게 이해될 수 있는가? 즉, 그것은 '대상단계의 의미'가 되는 비현실적 인물인 H 여성의 아들과 '주체단계'인 H 여성 자신의 내면으로 이해될 수 있을까? 그녀는 여기에 맞는 상징, 바로 천사의 상징을 발견한다. 천사는 이승과 저승을 상징한다. 천사는 이승에서는 그녀를 방어하는 내적 대표성—수호천사로서의 천사—을 지니고, 저승에서는 "너는 어디로 날아가 버렸니, 얘야?"라는 말처럼 아들의 상징으로 존재한다. 우리는 어머니와 아들의 관계 양상을 그녀가 아들을 찾았던 두 번째 그림 「다리」와 비교한다. 그녀는 그 그림에서 절망적으로 울타리 뒤에 있는 아들을 찾았다. 그리고 불안하고 가슴이 찢어진 듯하였으며, 상징 발견을 통해서야 마음을 누그러뜨리고 다시 추스를 수 있었다. 그러나 이번에 그녀는 애도과정이 이미 한 단계 지나갔다는 것을 보여 주는 상징을 발견한다. 즉, 아들을 찾았으며, 두 인물이 하나가 된 형상에서 그것을 재발견하게 되었다. 이것은 다음에 계속되었던 면담에서 아주 분명하게 드러났다. 우리는 특히 아들에게 해당된 것과 그녀에게 중요했던 것에 대해 이야기를 함으로써 그것을 확실하게 느꼈다. 여기에서 돌파구가 되었던 것은 아들이 선택했던 자살방식이다. 이것은 그녀에게는 가장 고통스러운 것이었지만, 아주 단호한 것으로…….

H. "예. 그런 방법이 그의 성격에 더 잘 맞는 것이었습니다. 그렇게 분명한 것, 그것이 아들 H의 타입이었지요. 이제야 그를 다시 알게 되어요. 그는 항상 끝을 보았습니다. 그는 아이 때도 무엇을 끝까지 하였지요. 예, 그래요! 그는 M이나 D(그녀의 다른 두 아들)와 같지 않았습니다. 이 아이들은 많은 것을 시작하고 포기한 반면, H는 한 주제에 머물러 있었지요. 그는 언젠가 주석 제조기술을 알게 되자, 모든 것을 주석으로 만들었으며, 완성을 하여 형상들을 세워 놓는 그런…… 그리고 그 아이는 자기가 하는 것을 완전히 끝낸 후에야 다른 단계로 다가가지요. 무엇을 시작하고는 완전히 끝

을 봐요. 퍼즐도 그렇고, 그림도 반드시 완성을 하는 아이였습니다. 그는 그러한 타입입니다. ……때때로 내가 좋은 것을 생각하지만, 내 스스로 준비를 잘 할 수 없거나 적절한 타이밍을 못 맞출 것 같으면 그에게 그것을 맡기죠. 다음과 같은 모토를 가지고 말이에요: 이제 네가 나를 도와주어야겠구나. 내가 어떻게 해 보아야 하는데, 아직 그럴 만한 적당한 시간을 가지지 못했어."

CH: "그러니까 그것이 그의 강점이었군요?!"

H: "어쩌면 그럴 수도 있지요. 나는 그가 더 조직적으로 일할 수 있다는 것을 알지요. 반면에 그것은 항상 나의 문제였지요. ……예, 나는 그렇게 한 맥락으로 보지 못했습니다."

CH: "그것은 마치 당신이 무엇을 조직화하거나 조정해야 하는 어려운 상황에서는 그의 도움을 생각한다는 것처럼 들립니다."

H: "예, 그런 상황에서는 그를 생각하게 됩니다."

이 자리에서 나는 H 여성에게 애도연구에 의한, 상실의 시기에 자신의 고유한 특성을 가까이 있는 사람들에게 위임하였던 것을 되돌려받게 되는 과정에 대해서 설명하였다.

CH: "……사람이 스스로 가지고 있는 능력들을 지금은 더 이상 존재하지 않는 다른 사람에게 넘기는 것이지요. 그리고는 그렇게 타인에게 위임하였던 것을 스스로 전혀 하려고 하지 않지요."

H: "……예, 나도 이제까지 그렇게 생각했습니다. 나는 할 수 없다고요."

CH: "자기와 아주 긴밀한 관계였던 사람이 죽게 되면, 그에게 위임했던 것을 다시 되돌려 받아야 하며, 그것이 나에게 속한다는 것도 보아야만 하지요. 이러한 것이 당신 아들의 관점과 맞아떨어집니다. 당신은 이러한 고통스런 상황에서 당신을 돕고 모든 것을 잘

마무리하였던 아들을 생각하게 되지요. 그러나 그는 결국 당신에게 해당되는 것을 되돌려 주며, 당신도 그것을 할 수 있다고 말하지요……."

H: "……그러나 마치 내가 그에게 공을 되던지는 것처럼 항상 나에게 다시 던지지요. 이제는 심지어 내 안에서 지금 배워야 할 나의 특성까지도. 그런데도 아직도 그를 늘 함께 계산하니……. 그러나 나는 그것을 할 겁니다. 언젠가 그렇게 되어야 합니다. 아니면 나도 할 수 있다는 것을 아직도 믿지 못하는 그런 상태일지도 모르겠지만, 이제 분명해지니……."

H 여성은 여기에서 바로 애도자들의 네 번째 단계에서 전형적으로 묘사되는 것을 경험하고 있다. 즉, 새로운 자기관계와 세계관계의 구축단계다. 이것은 공동의 체험과 경험의 통합이 이루어짐으로써 가능하다. 다시 말해서 살았던 관계의 '본질'을 혹은 그녀가 죽은 자에게 넘겼던 기능을 이제 되받고 스스로 살게 됨으로써 살아 남은 자의 고유한 삶에 통합하는 것이다. 이것은 인성 및 의식의 확장과 바깥 세상에 대한 새로운 접근에 이르게 한다. H 여성은 이것으로 자신이 내적으로 더 독립적이 되었다는 것을 경험하였고, 외적으로는 그녀의 인생을 완선히 새롭게 정리함으로써 이런 상황이 더 분명해졌다.[22)]

H 여성이 지난번 대화에서 파악했던 그림의 다음 관점은 그녀가 서로 중복된 두 개의 아치형에서 '땅'과 '하늘'을 연상한다는 것이다.

H: "아마도 그림에는 하늘과 땅이 있는 것 같아요. 하늘과 땅은 이 그림의 관점에서 보면 어딘가 서로 연결되어 있지요."

CH: "예, 바로 맞아요. 이 중앙에 서 있는 인물에서 당신은 당신 자신과 아들을 봅니다."

H: "나는 그리움의 표현으로 날개, 그것도 힘이 넘치는 날개에 해당하는 것을 가슴에서부터 시작하여 그려 넣었습니다. 보세요. 두 팔은 길잖아요. 앞서 그린 그림에 있는 팔들은 더 짧았는데, 여기서의 팔들은 몸에 맞는 크기잖아요."

H 여성은 이 인물에서 아직도 자신의 아들을 본다. 그러나 동시에 자신과 동일시하고 자신에게 힘을 실어 주었으며, 그리움의 힘찬 날개가 그녀의 가슴에서부터 자란다. 그녀는 맞아 넘어진 상황에서 일어나 다시 날고 싶었다. 육체는 점점 더 정상이 되어 성인 몸의 비율을 갖게 되었는데, 이러한 성장 변화는 계속되는 치유과정과 회복과정을 알려 준다.

하늘과 땅이 연결되는 원리는 색에서도 분명하게 드러난다. 하체는 갈색 땅, 즉 형상은 땅에 서 있는 반면, 상체는 푸른색으로, 푸른 하늘과 연결되어 있다. 또한 날개는 하늘을 가리키고 있는 반면, 다른 손은 중력에 의해 아래로 내리고 있다. 여기에서는 다시 이승과 저승의 두 관점을 보여 주고 있다. 이는 다양한 해석이 가능하다. 즉, H 여성은 자신을 다시 '땅에 닿았다.' 고 볼 수 있다. 그리고 아들은 저승에 대한 투사 그림으로 보이는데, 그녀는 이 형상에 날개를 달아 줌으로써 그렇게 보이게 한다. 또한 우리는 하늘과 땅 사이에서 땅에 뿌리를 내리면서 하늘을 찾고 있는, 그리하여 개인성을 초월하는 인간의 모습을 한 포괄적인 그림으로 볼 수도 있다. 즉, 육체와 정신과 영혼의 차원을 가진 존재로서 한 상징 안에 통일될 수 있는 그러한 그림을 볼 수 있다. H 여성은 덧붙여 말한다.

H: "예, 그리움은 나에게는 그렇게 표현됩니다. 나는 지금 '육체적'으로 말하고 싶어요. 맞아요. 이 형상은 육체적으로도 되었어요. 그것은 더 이상 성경 구절과 노래 가사에 있는 그리움이 아닌 내 안에서 육화된 것입니다. 이제 나는 저 건너 나의 몸에서 나온, 한 때는 아이로서 완전히 나의 가장 가까운 곳에 있었고 육체적으로 나와 바로 연결되었던 존재를 가지게 되었기 때문입니다."

아주 밀접한 관계에 있던 사람의 죽음이 죽음과 저승에 대한 전혀 새롭고 더 가까운 태도를 만들어 주는 것은 낯선 일이 아니다.

나무 여인

이 그림은 「인간 천사」의 그림을 그리고 3주 후에 그린 것으로 아들이 죽은 지 정확하게 거의 1년이 지난 시기였다. 이 그림을 마지막으로 H 여성의 사례를 마치려고 한다. 그 이후로 H 여성은 오랫동안 그림을 그리지 않았다.

그림 묘사

여기서도 우리는 다시 그림의 중앙에 연필로 그린 인물을 만나게 된다. 이번에는 더 이상 아이가 아닌 한 여성을 본다. 성인 여성은 가슴을 드러내고 있다. 신체의 모든 부분, 즉 두 다리, 두 발, 두 팔과 아주 세밀하게 그려진 얼굴이 있는데, 눈을 뜨고 있고 약간 벌어진 입과 코가 그려져 있다. 머리는 왼쪽으로 약간 기울어졌다. 이 여성은 웨이브가 조금 있는 머리를 하고, 왼쪽 팔을 허리 부분에 얹고 있다.

여성은 나무 아래 서 있으면서 나무의 일부분이기도 하다. 그것

나무 여인

은 나무줄기가 중앙에 벌려져 있거나 바로 여성이 서 있는 자리에서 갈라져, 나무의 위와 아래를 서로 연결하고 있어서 나무문에 아치가 있는 듯한 인상을 준다.

수관에는 가지가 아주 섬세하게 나 있으며, 나뭇잎들은 아주 세밀하게 그려졌다. 수관은 화지의 상단에서 위쪽으로 자라고 있다. 화면의 왼쪽과 오른쪽에는 아직 공간이 있다.

해 석

이 그림에서 그녀에게 무엇이 중요했는가 하는 질문을 했을 때, 그녀는 다음과 같이 말했다.

H: "음, 이것은 젊은 여성이 있는 그림입니다. 당신이 이곳에서 어떤

> 움직임을 상상한다면, 내가 수풀과 같은 것을 연 다음의 움직임일 겁니다. 그러나 그곳에서 나 자신을 조금은 잡아두어야 했습니다. 나는 당시에 자주 이러한 자세로 잠을 잤으며, 오늘날까지도 자주 나를 그렇게 잡고 있습니다. 이 그림에서도 그런 포즈를 취하고 있지요."

여기에서 그녀는 다시 그림에 있는 여성과 자신을 확실히 동일시하는데, 이 여성은 그곳에서 자신을 조금 '개방하기를' 원한다. 그녀가 자신을 이제 더 이상 어린이로 그리지 않는 것, 즉 지독한 상실을 겪은 아이처럼 느끼지 않고, 애도기간의 초기처럼 더 이상 두려워하지 않는다는 것은 지금의 자기를 이해하는 데 아주 중요하다. 그녀는 이 기간의 초기에 다음과 같이 말했다. "……인간으로서, 그것도 45세가 되었는데 그러한 불안을 가진다는 것은 정상이 아닙니다……. 불안이 너무 엄청나서 나는 마치 어린아이 같았어요."[23]

H 여성이 말하는 심한 불안은 물론 아버지와 헤어져서 가진, 자신 안의 어린이(퇴행)에게 있는 불안보다 너 많은 것을 나타낸다. 그녀는 그렇게 '격렬하게' 정체성 상실에 대한 불안, 파편화의 불안에 떠는 자신을 인식하게 되었다고 말한다. 이것은 갑작스런 애도 상황에 일어날 수 있는 불안으로, 이제까지의 관계에 근거한 정체성 '관계-자기'[24]가 해체되고, 이제까지 쌓아두었던 정체성 구조가 실제로 찢어지며, 모든 것이 산산조각나는 응급 상황을 경험하는 네서 오는 불안이다. 이 그림에서 중요한 요소는 그녀가 자신을 성장한 여성으로 그릴 수 있다는 것이다. 곧 퇴행의 상황과 파편화의 불안을 극복한 것이다.

그녀는 이를 통해 무엇을 얻었는가? 자신의 뒤로 무엇을 남겼는가?

CH: "그림에 있는 이 젊은 여성은 어떤가요?"

H: "얼굴은 어떤 표정을 하고 있는지 잘 모릅니다. 정확하게 다시 보면 얼굴은 이미 고통에 가득 찬 표정이지만 어쩐지 평화스러워 보입니다. 이 그림의 여성은 긴 목과 가슴을 지니고 있는데, 나도 과거에 그런 작고 단단한 가슴을 가져서 이 여성이 나 자신이라는 생각이 듭니다."

그림에서 '고통에 가득 찬' 그러나 '평화로운' 그녀는 바로 자신에 대해 느낀 것이다. Grimm 형제의 동화, Goldmarie와 Pechmarie가 있는 「Holle 할머니」가 대화 중에 나왔다. H 여성은 그림이 그려진 당시의 상황을, 두 명의 동화 주인공을 통하여 다시 기억한다.

H: "나는 나를 Goldmarie로 느꼈습니다. 아마도 의무를 완성하는 것에서…… 예, Goldmarie는 그녀가 해야 하는 것을 의식하였습니다. 그럼요. 나는 그 의무를 다하였습니다. 그러나 어떤 면에서는 나를 Pechmarie처럼 느꼈습니다. 그 후에 가끔 불운이 나의 발을 잡아 두었다고 생각했습니다."

지금 분명해진 것은 그녀가 자신을 아직 첫 번째 그림 「절벽」에서 아버지의 절단된 다리와 동일시했을 뿐만 아니라, 불운이 많이 따랐던 인간으로서 아버지와 자신을 동일시했다는 것이다. H 여성은 이제 그녀의 인생을 아버지로부터 분리하고 떼어 놓을 수 있으며, 나아가 남편으로부터도 자신을 분리할 수 있다. 25년간 남편이었던 이 남성이 이제는 떠나고, 그녀는 다시 이별을 겪게 되는데 이러한 것이 불가피하게 보인다. 이렇게 그녀는 자신을 보호가 필요한 사람으로 그렸고, 왼쪽 팔로 자신의 중심인 복강 신경조직을 덮어서 스스로도 보호하고 있다. 이것은 방어 동작으로, 여기에서 그녀는 자기 자신과 접촉을 하고 있다. 그녀는 그녀 자신이 되었으며, 그녀 개인에 대해서 의식하게 되었다. 그리고 고통을 뒤로 하고 있으며, 앞으로의 고통도 보여 주고 있다. 이혼이 남아 있다. 그러나 그림은 그녀가 계속해서 앞으로 나아갈 수 있다는 것을 제시한다. 그녀는 다시 전체가 되어 있으며, 그녀의 형상은 오히려 오른쪽 방향, 바로 타인의 방향, 세계의 방향으로 몸을 돌렸다. 더군다나 그녀의 실제 생활에도 변화가 있었다. 그녀는 이 시기에 장래의 직업교육과 직업적 관점에서 완전히 새로운 방향을 가질 가능성과 사회 · 의학 영역에서 받을 3년간의 힘든 교육에 대한 생각을 하고 있다. 그녀는 남편과 헤어진 후 첫 단계로 남편의 회사일을 그만두었다. 이로 인해 직업 보장과 경제적 권리에 대한 불평도 하였지만 실제적 해결은 이루어 내지 못하였다. 그녀는 실제로 자신의 길을 가야 한다. 이렇게 그녀는 이전의 모든 그림에서처럼 이 그림에서도 혼자 서 있지만, 여기에서는 그녀가 혼자라고 할 수 없다. 이 그림에는 개성화의 길이 훨씬 더 많이 반영되었다.

그림 상징에서 흥미로운 것은 나무인데, 그 안에 인간의 형상이 있다. 한편으로 이 나무는 감싸주고 보호하는, 위대한 '자연의 어머니'에게 있는 포근함을 제공한다. 다른 한편으로 이 나무는 여성적 개인성에 자유를 주며, 자신의 보호에서 벗어나 그녀의 자율적 발전을 제시하는 것처럼 보이기도 한다. 이 여성은 한 남자의 아내와 어머니로서의 자연적이고 비교적 무의식화된 여성의 역할에서 나와 그녀 자신의 자율적인 삶으로 간다. 나무는 마치 문처럼 자신을 열고, 여성은 그곳에서 밖으로 나올 수 있다. H 여성은 이 면담의 시작 때 어떻게 말했던가? "나는 아직도 알고 있습니다. 당신이 움직임을 상상할 때, 나는 팔로 그것을 밀고 지나가며, 그 다음에는 나가거나 관목숲처럼 그것을 열려고 하였습니다……." C. G. Jung이 이미 해석하였듯이, 나무 탄생이 여기에 그려졌다.[25)]

시선은 한편으로는 고통에 가득 차 있다. 이 단계는 엄청난 고통을 통해서 개성화가 일어나고, 계속되는 고통을 통하여서만 개성화가 실현될 수 있기 때문이다. 보호해 주는 나무에서부터 나온다는 것은 편안함을 고통스럽게 포기하는 것이기도 하다. 다른 한편으로 그녀는 이 그림에서 자신의 얼굴을 동시에 '평화롭게' 그린다. 그녀는 과거와 화해를 하며, 거기서 나와 새로운 자기관계와 세계관계로 나아간다.[26)]

첫 번째 그림과 비교할 때, 그녀는 이제 더 이상 앙상한 나무의 뿌리에 무기력하고 힘 없이 매달려 있는 것이 아니며, 더 이상 절단된 다리가 아닌 치유된 몸으로 나무의 줄기에 있는 뿌리의 영역 위에 서 있다. 분명히 그녀 스스로 나무의 줄기를 형성하고, 동시에 자신을 생명나무로 여길 수 있게 된다.

나무 그 자체는 더 이상 절벽에 서 있지 않고 그림의 중심에 있다. 또 첫 번째 그림의 나무가 앙상한 겨울나무였던 것에 비해, 이 나무의 가지와 나뭇잎들은 풍성하고 분화된 구조, 즉 여름나무로 서 있다. 계절적으로 영적인 단계와 그러한 기운을 준다. 아들이 세상을 떠난 지 거의 1년이 다 되어 나무가 다시 녹색을 띤다. 나무는 아직 완전히 중앙에 서 있지 않고 왼쪽으로 더 치우쳐, 그림 상징으로 보아 내적 세계로 향하고 있다.[27] 그 외에도 나무의 수관은 주어진 공간에서 아직 충분한 자리를 발견하지 못하는, 다시 말해서 H 여성이 더 넓은 생활 공간이 필요하듯이 여기서도 더 큰 종이가 필요하다. 실제 생활에서도 그녀는 이미 강한 에너지로 그녀의 생활 공간을 직업과 개인적 관점에서 확장하게 되었다.

요약: 그림에 반영되는 H 여성의 애도과정

아들이 죽었다는 소식을 들었을 때 일어나는 첫 번째 반응은 쇼크다. H 여성은 그것을 잘못 들은 것처럼 느낀다. 거부하는 방어기제는 '사실을 받아들이지 않는 것'[28]의 단계에 나타난다. "그것은 사실이 아니야. 사실일 수가 없어. 나는 악몽을 꾸고 있는 거야." 그녀의 놀람은 그림 「절벽」에 반영된다. 그녀와 동일시되는 그림 속 인물은 더 이상 감각기관이 없고, 아무것도 받아들일 수 없으며, 볼 수도 느낌 수도 들을 수도 없다. 또한 실제로 그녀는 단순한 기능을 이 시기에 자주 멈추게 되었는데, 예를 들어 화장실에서 물을 내리는 것을 잊어버리는 경우다. 이러한 소식을 들은 중압감 밑에 자아-파편화의 위험이 있다. 그림에 심리적 상황이 보이는데, H 여성은 벌거벗은 채 절벽에 매달려 있는, 다시 말해 절벽으로 떨어지려는 위험성이 보인다. 아무도 그녀를 잡아 주지 않는다. 그림에 나오는 인간은 가시철망을 손에 감고 있다.

이러한 최초의 반응 후에 그녀는 퇴행으로 빠진다. 그림들을 보면 이것을 알 수 있는데, 그녀는 자신과 동일시하는 중심 인물을 어린아이처럼 그렸다. 첫 번째 쇼크 반응이 지나자 그녀는 서서히 아들이 정말 죽었다는 인식을 하게 된다. 그림에서 사별을 받아들이는 표시인 울타리 상징과 새로운 관점에서 그를 찾으려는 표시로서 다리 상징이 나타난다. 계속적으로 아들을 찾으려는 시도는 끊임없이 다리 위를 서성거리는 것으로 그리고 있다. 감정이 북받쳐 흐른다. 공격성, 분노, 슬픔, 말할 수 없는 고통과 무엇보다 그리움이 다시 한꺼번에 몰려, 모순되는 것을 통일하는 상징화로 나타난다. 그녀는 「죽음과 탄생」이라는 그림에서 그것을 그리고 있다.

그녀는 일상생활과 자신에 거리를 둔다. 그녀를 이해하지 못하고 숨겨지거나 알려진 죄책감으로 시달리게 하는 '거짓된 형제들'과, 자신을 공격적으로 구분짓고 결국은 내면적으로 자주 회의를 일으키게 하는 자유교회 공동체와 거리를 둔다. 밤에 엄습하는 불안상태가 자신을 갈기갈기 찢으려는 것 같은 위협을 주는 정신적 고통, 악몽과 같은 시간들이 그녀를 괴롭힌다. 이런 상실에 대한 반응의 특성은 '폭발하는 감정의 단계'[29] 동안 일어난다.

그런 후에 안정과 죽음에 대한 더 깊은 이해가 상징화 과정을 통해 이루어지는데, 이것들은 특히 「다리」, 「죽음과 탄생」, 「인간천사」의 그림에서 볼 수 있다. 이 그림들은 감정적 카타르시스를 표현한 그림들이 아니다. H 여성은 아직도 정서적 짐을 완전히 덜은 것은 아니다. 그러나 그러한 정서들이 그림에서 색으로 표현된다. 먼저 안정의 색인 녹색과 물, 심연, 광활함, 그리움의 색인 파랑이 보인다. 그녀는 이제 자신의 퇴행에 균형을 이룰 수 있게 되었으며, 자신을 불안과 공포에 맡기지 않을 수 있게 되었다. 그녀는 팔을 벌린 채 철망 위에 누워 있다. H 여성은 이러한 철망을 스스로 구조와 정지를 주는 안착으로 보며, 전이적 의미에서 새롭게 시작하는 그녀 정신의 구조물이라는 암시로서 받아들인다. 그 외에도 그녀는 '나는 난파되었다.' 는 인식을 받아들인다. 이러한 균형과 마지막으로 자신의 상황을 수용함으로써 새로운 탄생, 즉 '자기탄생' 을 위한 전제가 이루어진다. 「죽음과 탄생」의 그림에서 이러한 과정이 만다라와 비슷한 무지개 원의 형상으로 나타나는데, 그림의 중앙에 새로 태어난 아이가 아직 빨간 탯줄에 연결되어 있다. 그림에서 빨강은 피의 색이며, 생명과 열정의 색으로 나타난다.[30] 이는 적어도 아들의 죽음을 겪고 난 후에 처음 있는 삶의 충동으로 이때부터 그것을 받아들인다.

이러한 '새로운 탄생' 은 그녀에게 '삶을 새롭게 경험하는' 것을 의미하기도 한다. 즉, 다시 보고 다시 경험하고 다시 체험하는 그런 의미의 삶이다. 그림에서 그녀는 삶을 확대경으로 찾는다는 주제를 그리고, '사막' 에서도 그것을 발견한다. 그녀는 계속해서 살고 있으며 아들은 그렇지 않다. 아들은 죽었지만 그녀는 계속해서 살아가려고 한다. H 여성은 사막에서 겪은 모든 것에 매우 감동을 받았다.

그녀는 이제 특이한 대조를 보인 처음 두 개의 그림들을 다시 인식할 수 있으며, 의미 있는 것으로 받아들일 수 있다. 그림에서 감각기관이 다시 그려지고, 절단된 다리는 더 이상 존재하지 않는다. H 여성은 위협적인 이혼에 당면해 있음에도 불구하고 아들 없이 살아가는 것을 새로이 배운다. 거부하는 방어기제는 적응력 있는 극복을 통하여 오래전에 없어졌다.[31]

전진적인 회복과정은 그녀의 '찾고 발견하고 자신을 다시 분리하는 단계'의 과도기를 통하여 증명된다. 그림에서 H 여성은 이제 '인간 천사'의 상징 인물을 형상화할 수 있으며, 그 안에서 자기 자신과 잃어버린 아들을 다시 발견하게 된다.

이제 그녀는 정확한 기억으로 아들과의 관계를 다시 경험하고 걸러내고 극복함으로써, 관계의 '본질적인 것'을 간직할 수 있게 되었다. 그리고 그에게 속한 가치와 견해와 활동을 다시 자신의 것으로 받아들임으로써,[32] 부분적으로 죽은 사람과 자신을 동일시하게 되며 마침내 그와 결별하게 된다. 여기에서 기억은 전진적인 극복기제로 여겨진다.[33]

H 여성은 이제 항상 발 아래 바닥을 얻게 되는데, 이는 그림 「인간 천사」에서 형상이 갈색 줄 위에 서 있는 것으로 알 수 있다. 그녀는 이 새로운 자기관계와 세계관계의 단계[34]에서 특히 새로 얻게 된 여성으로서의 정체성을 볼 수 있다. 그녀의 그림들을 보면, 자신과 동일시한 주인공의 어린 시절, 청년기, 성인이 된 여성의 발달과정이 보인다. 이 인물의 전체 신체는 이제 적절하게 균형을 이룬다. 그러나 '순수한 기쁨과 행복한 상태'는 아직 아니다. 그녀는 여전히 상처를 입고 있는 상태며, 자신을 보호해야 하고 많은 것을 잃었다는 것을 알고 있다.

그럼에도 불구하고 그녀는 이제 그러한 상실과 어느 정도 화해를 했기 때문에, 그녀의 삶을 그토록 힘들게 했던 것을 견뎌 낼 수 있게 되었다. 그녀 자신이 '성장하게' 되었다고 느낀다. 나에게 보낸 편지에서 그녀는 우리가 그림에 대해 나눈 대화에 대해 다음과 같이 썼다. "모순되게 들릴지 모르겠지만 사실이 그렇습니다. 이러한 고통스런 죽음과 결별의 모든 경험을 하고 견고한 중산층 생활을 포기한 후에야 나는 살아가는 용기를 더 가지게 되었으며, 전보다 인생과 미래를 더 믿게 되었습니다.

그의 죽음이 나에게 인생에 대해 가르친 것 같습니다. ……그림에서 이제 실제로 나의 눈에 띈 것들은 '보조 도구'들로, 돌, 목발, 철망, 확대경, 물, 공기, 보호해 주는 나무입니다. 지금 나는 직업상 보조도구와의 적응과 많은 관계를 맺고 있습니다. 그것들은 근육, 창의성, 집중력 등을 훈련시키고 발전시키는 데 도움을 주어야 합니다."

외적으로 보면 그녀는 이때부터 자신에게 더 거리를 둘 수 있으며(애도작업의 아주 중요한 소득), 남편을 통해서가 아닌 자신에게서 만족을 찾으며, 자식들이 자율적인 삶을 살아가도록 내버려 두게 된 것에 대해 기뻐한다. 그리고 그녀는 이제 자신의 길을 발견하여 나아가게 되는데, 특히 직업적 미래의 전망도 가지게 되며, 자신의 욕구를 진정으로 인식하게 된 것에 만족한다. 마지막 그림인 「나무여인」에서 그녀는 이미 자신이 밖으로 나갈 준비가 되었으며 그럴 능력이 있다는 것을 보여 준다. 그러나 아직 결정되지 않은 것은 지금 바로 나아가야 할지, 더 기다려야 하는지의 문제다.

몇 년이 지난 후에 H 여성은 나무의 보호 아래서 나와 열려진 미래로 나아가게 되었다. 그녀는 직업적으로 완전히 새로운 상황에 적응하였고 새로운 친구관계를 이루었으며, 그녀의 가족과 함께 살았던 집을 완전히 개조하여 일부는 자신이 거주하고 일부는 직업적 용도로 사용하고 있다. 그녀는 비록 그동안의 기억이 여전히 존재하고 있지만, 이러한 아름다운 집에서 다시 잘 살 수 있게 된 것을 기뻐한다. 외적, 내적 공간들의 '구조가 바뀌어졌고 새롭게 구성되었다.'

딸을 잃은 어머니

Christa Henzler

U 여성의 그림 시리즈는 H 여성의 그림에서 보여 주었던 것을 확인하고 심화하는 것에 해당한다. 여기에서는 애도연구의 결과에서 발견된 전형적 극복양식의 그림들을 볼 수 있다.

그 외에 애도과정에서 나타날 수 있으면서도, 다른 사람들에게서도 나타날 수 있는 전형적인 상징에 주의를 기울이고자 한다. H 여성과 U 여성의 그림들을 비교함으로써 다음과 같은 두 가지 질문을 제기할 수 있다.

- 애도과정의 각 단계에서 보이는 전형적 특징들이 U 여성의 그림에도 나타나는가?
- U 여성의 그림에는 H 여성의 그림에 나타나지 않았던 어떤 새로운 강조점이 나타나는가?

U 여성은 H 여성보다 훨씬 더 많은 그림 자료를 제시하였다.

그림 시리즈를 보면서 그녀 정신의 내적 발전과정과 그녀의 애도 과정이 무엇보다 나무 주제를 그리는 데서 나타났다는 것이 눈에 띄었다. U 여성은 그림에 애도 극복과정과 애도의 문제점을 상징적으로 더 다양하게 표현하였지만 H 여성은 대조적으로 구체적 상황을 그렸다. 나는 이러한 여건에서 그림 시리즈를 작업할 때, U 여성이 가장 빈번하게 선택한 주제를 조사하겠다는 생각이 떠올랐다. 즉, 나무의 상징을 말이다. 이렇게 하여 20점이 넘는 그림에서 12작품만 골랐는데, 그중에 나무 상징과 그와 관련된 꽃 상징의 그림들이 있다. 나무 주제가 U 여성에게 중심 역할을 한다는 것은, 그녀가 나무를 그리는 것 외에도 나무 주제를 가지고 점토작업을 많이 한 것에서 볼 수 있다. 여기서는 점토작업에 대해서는 다루지 않을 것이다.

이 사례에서는 그림 시리즈가 이루어지는 동안 자기상징 및 동일시 상징으로 이해되는 나무들이 어떻게 변화하며, 계속되는 애도 작업이 그러한 특별한 상징을 지닌 나무와 꽃의 변화에 어떻게 반영되는지를 그림을 보면서 따라가고자 한다. 여기에서 U 여성이 선호하는 동일시 상징은 H 여성처럼 인간의 형상이 아닌 식물 형상이 적용되었다. U 여성의 애도과정을 더 선명하게 잘 이해하기 위하여 나무와 꽃 그림에 보충될 수 있는 다른 그림들을 첨가하였다. 그리고 이것에 대해 그녀와 대화를 하고 해석을 하였다.

U 여성은 그림에 그린 날짜가 기록되어 있지 않아서 기억으로 대략의 날짜를 말할 수 있었는데 이것들은 차례가 맞았다. U 여성의 그림 시리즈는 H 여성의 경우처럼 애도기간인 한 해 동안 그려진 것이 아니라 5년에 걸쳐 그려진 그림들이다.

U 여성의 당시 상황

U 여성의 당시 상황은 특이하게도 H 여성과 아주 비슷하다. 그녀도 그 당시에 24세였던 딸 A를 잃었는데, 그 딸은 H 여성의 아들이 자살한 시점보다 몇 주 앞서 자살하였다. 다음의 그림들은 자기경험 그림과정을 밟으면서 그려진 것으로, 그곳에서는—H 여성의 그림 집단에서처럼—그림에 대해 해석하지 않았다. U 여성은 대부분의 그림들을 집에서 혼자 그렸다.

이제 58세가 되는 U 여성은 죽은 딸 외에도 세 명의 자녀가 더 있었는데, 그 당시 그들은 18세에서 23세였다.

U 여성의 딸이 죽었을 때, H 여성처럼 그녀의 부부관계도 위기를 맞았다. U 여성의 남편도 다른 여성과 사귀기를 원했고 실제 그렇게 되었다. 남편 K는 그들 집의 위층에서 따로 살다가 딸이 죽은 지 거의 2년이 될 시기에 결국 이사를 하였다. H 여성처럼 U 여성도 자유교회 공동체 일원이었는데, 그녀는 이 공동체와는 문제가 없었다.

나무 상징에 반영되는 U 여성의 그림 시리즈

여기에서는 H 여성의 사례에서와 같이 그림 묘사를 상세하게 하지 않고, 해석에서 중요하다고 생각되는 요소들만 한정하여 서술하고자 한다.

나무 상징에 대하여

나무는 세상에서 자기 자신과 자기 입장을 표현하고자 할 때, 가장 많이 선택되는 주제 중의 하나다.

자기상징으로서 나무는 한편으로는 역동적 관점에서, 다른 한편으로는 통계적 관점에서 고찰되고 해석될 수 있다. 역동적 관점에서 보면, 나무는 인간의 육체적 상태와 정신적 상태를 반영할 수 있다. 예를 들어, 신체적 병의 표시나 삶의 기본 정서를 나무를 그림으로써 나타낼 수 있다. 또한 구조적 관점에서는 나무 그림을 통하여 인간의 신체구조나 특정한 인성구조를 읽을 수 있다. 이렇게 나무는 전체 인성을 표현하는 도식을 내포하고 있어서 진단적 수단으로도 적용된다.[35)]

나무를 그리는 방식과 관련하여 우리는 그림을 그린 사람의 현재 기분을 읽을 수 있으며, 심지어 그의 삶을 지배하고 있는 기본 정서를 읽을 수 있다.

또한 나무를 그리는 방식을 통하여 그림을 그린 사람의 자아상도 드러나게 된다.

개성화 상징으로서의 나무는[36)] 현재의 정신적 혹은 신체적 상황을 반영할 뿐만 아니라, 한 인간의 정신적-영적 성숙, 죽음과 재탄생, 변화 및 변신을 표현하고 반영할 수 있다. 동시에 인간이 속해 있는 자연의 순환도 보여 줄 수 있다. 나무를 표현하는 양식에서 그리는 사람의 이력과 그의 상처와 흉터도 읽을 수 있다. U 여성의 그림에서처럼, 소멸된 것과 새로운 확립들도 볼 수 있다.

나무는 여성적 관점과 남성적 관점이 동시에 통합되어 있다. 줄기는 외적 형상으로 보아 페니스로 보이고, 다른 한편으로는 감싸 주는 내부 공간이나 생성시키는 요소로 보인다. 이는 종교현상학적으로 자주 나무-탄생의 상상과 묘사가 보여 주는 것과 H 여성의 마지막 그림인 「나무 여인」에서 볼 수 있는 것과 같다. 여성성과 모성의 상징으로 나무는 열매를 맺으며, 그늘을 주고 보호해 주는 특성도 있다.[37)]

또한 나무를 계통수의 의미에서 보면 가족사의 상징으로 이해할 수도 있는데, 무엇보다 그린 사람이 자신의 나이에 해당하는 나무보다 훨씬 더 오래되고 큰 나무를 그렸을 때, 이러한 해석이 적용될 수 있다.

마지막으로 우주 상징으로서의 나무는 세계나무와 생명나무의 형상으로 나타난다. 세상을 짊어지고 세상 축을 구현한 나무는 하늘과 땅을 연결하는 메신저다. 인식의 나무는 낙원의 나무다. Gisela Schmeer는 그녀의 저서 『치유하는 나무』[38)]에서 풍성한 상징성을 지닌 나무와 심리치료 임상에서 그려진 다양한 나무 그림 양식과 설명들은 그림을 그리는 사람에게 치유적인 효과를 준다는 많은 사례를 전하고 있다.

U 여성에게 꽃, 특히 붉은 장미는 그녀의 애도 극복과정에서 중요한 상징을 지니고 있기 때문에 몇 마디 더 덧붙이고자 한다.

우리는 일반적으로 꽃을 꽃피는 것 자체, 특히 여성적 아름다움을 상징하는 것으로 알고 있다. 무엇보다 특별한 사랑을 함축적으로 나타낸다고 생각되는 장미의 형상에서는 그런 상징이 더 많다. 또한 꽃은 빠르게 시들기 때문에 덧없는 것을 상징하기도 한다.

장미, 특히 빨간 장미는 모든 면에서 사랑의 상징이 된다. 서양에서 장미는 아시아의 연꽃 상징과 비슷한 역할을 한다. 이것은 자주 만다라 상징의 중심으로, 활짝 핀 형태는 만다라의 특성을 나타내며 순환하는 자기상징성에 속한다. 기독교 상징에서도 장미는 다양한 의미를 지니는데, 장미의 진한 빨강은 예수 그리스도의 피와 상처를 의미하며, 동시에 상징적으로 신비로운 부활과 밀접한 관련이 있다.[39)]

바로 마지막에 언급하는 상징 의미는 U 여성에게 중요한 역할을 했다고 할 수 있다.

수관이 없는 겨울나무

딸이 죽은 지 3주가 되는 시점에 이 그림이 그려졌다. 수관이 잘려진 한 그루의 겨울나무는 꽃잎이 떨어지고 뿌리가 세 갈래로 갈라져 푸른 회색 땅 위에 서 있다.

U: "이 나무는 꽃잎이 떨어진 나무며—그것은 나의 남편과도 관계가 있어요—수관도 없습니다."

CH: "당신은 수관이 없는 것을 어디에 관련시킵니까? 어떤 생각이 납니까?"

U: "그것은 A와 부부생활과 관계가 있다고 생각합니다. 그 두 가지는 그냥 부러져 버렸습니다."

CH: "그렇다면 그것은 당신에게는 수관입니다. 나무의 수관은 나무의 가장 중요한 중심부며, 가지기도 하고 수관이기도 한……."

U: "A가 죽은 후에 그곳에 있었던 시누이에게 나는 이중으로 거부된 자라는 생각이 든다고 말했습니다. 첫 번째는 A가 자살을 하여 생을 마감한 것이고, 두 번째는 부부생활이 파경에 이르러 남편이 떠

수관이 없는 겨울나무

나려고 한 것입니다. 그런 연유로 수관이 부러진 것이며, 품위가 손상되었다는 느낌이 들었다고 말할 수 있어요……."

'품위가 손상되었다.'는 표현을 한 것은 무엇보다 남편이 자신을 떠났고, 자식 중의 한 명이 스스로 삶을 마감했기 때문이다. 그녀는 그 당시 자신이 거부된 것으로, 더구나 이중으로 거부된 것으로 느꼈다. 그녀는 남편도 딸도 붙잡지 못했다. U 여성은 그림에 그러한 느낌을 나무 수관이 잘려진 것처럼, 마치 수관을 빼앗긴 것처럼 상징적으로 표현하였다. 현실적으로 이러한 나무 형상은 심한 폭풍에 의해서나 나타날 수 있다. U 여성도 실제 그런 상황이었는데, 그렇게 이중적으로 거부된 것, 즉 딸과 남편으로부터 거부된 것은 그녀로서는 폭풍이 덮친 것과 같았다.

나는 여기서 다양한 의미로 접근하고자 한다. 개인성의 상징이며 개성화의 상징인 나무는 여기서 U 여성의 내적 상태, 내적 정서를 반영한다. 즉, 나뭇잎 하나 없는 추운 겨울과 같은 상황과 그녀의 '현재 입장'을 보여 준다. 그녀는 불안정하고 나무처럼 뿌리를 내리지 못하고 청색-회색의 기반 위에서 '떠돌아다니며', 그것에서 '얼음'을 연상하고 자신이 '얼음과 같으며', 무엇보다 그 당시 주변 환경에서도 그렇게 느꼈다는 것을 이 그림에 표현하였다. 청회색은 자주 안개가 낀, 희미한 것과 침울한 기분을 표현하는 색이다. 이 색은 '회색이 가미된' 청색으로 희석되고 혼탁해졌으며 청색의 느낌도 우중충하다. 이는 상실과 두려움과 슬픔을 나타낸다.[40)]

그녀는 혼자서 이러한 희미한 환경에 서 있다. 딸의 자살과 남편의 위협적 이별은 이제까지 쌓았던 그녀의 모든 심리적 연결을 찢어 버리고, 그녀가 딛고 있는 기반을 흔들어 놓았으며, 믿었던 모든 것에 대해 의문을 가지게 하였다. 고통과 슬픔과 불안의 상태에 처했을 때, U 여성은 완전히 혼자라는 느낌이 강하게 들었다. 그러자 정체성에 대한 근원적 불안이 그녀를 강하게 엄습하였다. 자신의 전 존재에 대해 의문이 강하게 들자, 그녀는 자신이 '이중적으로 거부된 자'라고 느껴졌다. 더구나 여기에 죄책감까지 더해져, 거의 모든 죽음과 애도작업에서 반드시 나타나는 '죄지은 사람을 찾는' 현상[41]이 그녀에게도 일어났다. 이러한 자살의 상황에서 애도자는 더 과도하고 예민하게 자기 자신에게 책임이 있다고 느끼게 된다. U 여성의 그림에서 그러한 상황이 잘 나타난다. 나무의 꽃은 떨어졌으며—U 여성은 이것을 결혼생활의 파경과도 관계가 있다고 본다—수관은 부서졌다. 그녀의 품위와 자존심이 부서졌으며, 더구나 그녀는 이러한 모든 사건에 대해 자신에게 전적으로 책임이 있다고 느꼈다. 당시에 그녀가 자신에 대해서 그렇게 생각하고 있었다는 것이 나에게는 아주 큰 심적 부담이 되었다. 내가 부러진 수관에 대해서도 다르게 연상하는 것은, 그녀가 자식들 중에 아들 셋 이외에 외동딸을 그녀의 삶에서 수관으로 느낀 것은 아닌가 하는 것이었다. 적어도 딸은 U 여성에게는 가족 중에 유일한 여성 상대였다.

세 아들은 살아 있으며, 그녀가 그림에서 연상했던 것처럼 그들은 그녀의 인생 나무에서 꽃을 피우고 있다.

H 여성의 그림에서 인물의 사지가 가차 없이 절단되어 그려진 것처럼, U 여성의 나무도 그렇게 가혹하게 그려졌다. H 여성은 아들을 잃은 것을 신체 사지가 절단된 것으로 상징화한 반면, U 여성은 수관 없이 서 있는 나무로 상징한다.

H 여성의 「절벽」(p. 24) 그림에도 수관이 결여된 나무를 발견할 수 있다. 그러나 수관이 잘려진 것은 아니고, 화지 끝과 경계가 졌다는 사실은 공간 상징으로서 H 여성이 자신이 서 있는 개인적 공간을 그 당시는 아직 받아들일 수 없다는 상태를 나타난다. H 여성

은 아들을 잃은 것을 다리 절단으로 표현하였으며, '빼앗긴 것'으로 표현하였다. 이렇게 두 여성은 자식을 잃은 것을 자기 자신의 일부분을 '빼앗긴 것'으로 강하게 느껴 그림에 그렇게 표현하였다.

더 중요한 것은 그러한 상황을 견딜 수 있고 지지하고 안전하게 하는 요소들이 두 여성의 그림에 존재한다는 것이다. H 여성에게 그러한 요소는 제한되어 있지만, 그래도 그것은 훼손되지 않은 나무와 꽃, 덮개와 이미 반대 힘으로 있던 첫 번째 그림의 '돌'이다. U 여성에게 그런 요소는 그림에 자주 등장하는 무지개로서 이 그림에도 나왔는데, 그녀는 이것이 그녀에게 '빛과 온기와 안전함'을 상징한다고 나에게 여러 번 확인시켜 주었다. 또한 나무에 아직 남아 있는 꽃봉오리들은 아들들을 연상하게 하지만, 그럼에도 불구하고 주체적 관점으로 이해되어 그녀 자신 안에 있는 생명의 싹을 상징한다고 볼 수도 있다.

세 개의 관목 혹은 해체된 나무

이 그림은 A가 죽은 지 약 9개월 정도 지난 후에 그려진 것이다.

그림의 하단부에 세 개의 관목이 보이는데, 나무의 가지들이 부러져서 땅 위에 떨어져 나뒹굴고 있는 것처럼 보인다. 이는 U 여성에 의하면 '황무지'다.

공간적으로 보아 이 그림은 세 부분으로 나누어지지만, 빛의 원천에 의해서 연결되어 있다. 세 개의 가지는 이 그림에서 눈에 띄는 역할을 한다. 그림은 세 개의 수평적 영역으로 나누어져 있다. 세 개의 어두운 파란색 돌들이 보인다. 세 개의 관목 혹은 나무의

세 개의 관목 혹은 해체된 나무

일부분으로 보이는 세 개의 가지가 흐트러져 있다. 이와 같은 3은 역동적인 숫자[42]로 문제가 있는 것을 표현하며, 역동을 불러일으킬 수 있는 숫자다.[43] 그림에서 주도하는 세 개의 이미는 아직 해결되지 않은 역동을 의미한다. 우리는 대화를 통해서 세 개에서 더 많은 의미를 걸러낼 수 있었다. 먼저 U 여성은 그녀의 세 아들을 연상하였다. 또한 역동과 그 안에 내포된 근본적인 문제, 즉 자식들 각자가 부모와의 관계에서 문제점—형제와는 독립된—에 대해 이야기를 하였는데, 삼의 역동 곧 어머니와 아버지와 자식에 관한 것이었다. 이러한 삼의 구조에서 자식은 망가졌으며, 자기파괴적이고 폭력적이다. 그리고 딸의 이러한 죽음은 어머니에게도 파괴적인 영향을 끼쳤다. 이는 U 여성의 「수관 없는 나무」에서 이미 분명하게 보여 주었다. 우리는 관목들을 부서진 나무의 가지로 해석하였다. 그리하여 이 단계에서 아주 심한 애도 반응으로서 나타날 수 있는 위협적인 파편화, 즉 위협적 '자기해체' 및 자기와해를 생각하게 된다. 그러나 그림 상징으로는 위에서 내려오며 두 개의 부러진 가지나 황량한 관목에 비치는 빛의 원천을 통하여 그에 대한 반대의 힘을 준다. 그것들은 다시 이 햇빛 아래서 녹색이 되는 반면, 다른 두 개의 가지들은 황량하게 있으며 그중 하나는 투명하여 희미하게 보인다. 반대 힘이 빛의 원천에 있으며, 공간 상징으로 보아 그림의 중심을 차지하고 있다. 그림에 의하면 모든 죽어버린 것은 이러한 빛 아래서 다시 녹색이 되기 시작한다. 빛을 받지 못한 것들은 생명이 없는 반면, 중앙에 투명하게 보이는 가지의 잎은 빛 속에서 생명의 기운을 보인다.

나는 대화 중에 그림의 녹색에 대해서 말을 꺼내 보았는데, 이것은 U 여성의 체험 특성이 될 수 있는 중요한 자원으로 여겨졌기 때문이다.

CH: "이 그림에서 당신이 다시 녹색을 잡을 수 있다는 것이 나에게는 중요하게 여겨집니다. 즉, 그림에 녹색이 다시 나오니까요. 여기서 우리는 바로 빛이 내려오는 자리에서 녹색이 나타나는 것을 봅니다……."

U: "……예, 바로 그 자리에서 첫 번째 봉오리가 나옵니다."

CH: "당신은 빛을 무엇과 연결합니까?"

U: "그것을 나의 믿음과 연결합니다. 그것은 나를 견디게 해 줍니다."

CH: "그럼 그곳에서 당신을 도와준 것은 결국 무엇입니까?"

U: "말하자면 신이 이미 나를 도운다고 생각하는데 나에게 신의 존재

> 는 아주 많은 것을 의미하고 있지요. 빛, 따뜻함, 사랑, 애정, 기쁨, 힘, 부드러움, 용서가 그 안에 있습니다. 예를 들어, 신은 나에게 생명 그 자체입니다. 그렇기 때문에 그것은 다시 싹을 틔우며, 이 식물은 녹색으로 될 수 있습니다. 빛은 바로 신에게서 내려옵니다."

하얀 아네모네

이 그림에서 U 여성은 네 송이 꽃이 핀 하얀 아네모네로 자식들 네 명을 다시 한데 모으려 한다.

아네모네는 오른쪽 하단부에 자리 잡고 있는데, 이 자리는 항상 모성 주제가 선호되는 상징 영역에 해당한다.[44] 그녀가 이 꽃 그림을 그릴 수 있는 것은 자녀가 넷이기 때문일 것이다. U 여성은 A의 생일 그림으로 이것을 그렸다. 그녀는 지금은 이 세상에 없는 딸에게 이 그림을 선사한다. 이것은 딸에 대한 생각 외에도, 어린이들이 엄마와 갈등이 있은 후에 자주 엄마를 그림으로 그려 선사함으로써 다시 좋은 관계를 회복하려는 것과 같은 맥락은 아닌가? 그렇게 함으로써 U 여성은 딸에 대한 죄책감을 어느 정도 약화시킬 수 있으며, 자기비난을 조금은 가라앉힐 수 있다.

U 여성이 말했던 것처럼 여기에서는 무엇보다 빛의 특성을 표현하는 것이 중요하였다. 어쩌면 그녀에게는 가족에게 빛을 가져오는 것, 가족 간의 관계 상황과 역동 그리고 자신의 개인사에 빛을 가져오는 것이 중요하였을 것이다. 또한 빛이 있는 그림을 그림으로써 고통과 우울과 자기비난에서 자유롭고 싶은 강한 욕구도 보인다. U 여성의 종교적 인식에서 보면, 이렇게 위에서 비추는 빛이 그녀와 가족들을 '신의 빛 속에' 치유하고 그 안에서 회복될 수

하얀 아네모네

있도록 하는 것이 중요하다.

훼손되지 않은 네 개의 꽃잎을 그린 것을 보면, 자식들에게 어떤 상실이 일어나지 않도록 하는 시도로 볼 수 있다. 또한 이것은 그녀가 처한 현실을 받아들이지 않으려는 방어기제로 사용한다는 것으로도 볼 수 있다. 그녀가 비록 고통스러운 사고로 넷째 자식을 잃었음에도 불구하고 네 송이 꽃들을 모두 볼 수 있게, 또 똑같이 아름답게 만개한 것으로 그린 것을 보면 이것이 방어기제라는 것을 수긍할 수 있다. 다른 한편으로 꽃이 네 송이라는 것은 U 여성에게 중요한 확인이기도 하다. 즉, 딸이 죽어서 세 자녀의 어머니가 된 것이 아니라 여전히 자신은 네 자녀의 어머니라는 확신이다.

지나온 길

이 그림은 이미 지나온 길을 반영한다. 이것은 딸이 죽고 2년 반이 지난 후에 그려진 것이다.

U 여성은 Grieg의 음악 'Ases(북유럽 신화의 신족)의 죽음'에서 영감을 받아 이 그림을 그렸다.

U: "이 그림에서 중심 주제는 이별과 죽음이었습니다. 딸과의 사별과 남편과의 이별(곧 이루어지게 될 상황) 그리고 나 자신의 죽음이었습니다."

CH: "그러니까 당신은 그 주제를 이미 지나간 길로 표현하셨군요?"

U: "그래요. 내가 방금 말했던 음악처럼 나는 너무 머뭇거리며 죽음에 다가간다는 생각을 했습니다. 그래서 나는 이 어두운 길을 먼저 물감으로 그린 후에, 다시 파스텔을 사용하여 더 어둡게 칠했습니다. 그것은 어두운 길이며, 발자국은 고통이 심하여 아직도 고통스러운 보라색으로 칠해져 있습니다. 그리고 이제 여기에(U 여성은 촘촘하게 그려 놓은 발자국을 가리킨다), 그것은 마치 어두운 땅을 지나 항상 그렇게 뒷걸음을 치며 아주 머뭇거리면서 어떤 자리에 들어선 것과 같습니다. 그런데 그곳은 바로 여기에서 볼 수 있는 것처럼 아주 좁아서 긴장감이 너무나 크며……. 그리고 그

지나온 길

것은 갑자기 다시 넓어졌습니다. 예, 여기 바로 이렇게 건너가는 것을 실제로도 수용하게 되었습니다. 지금은 죽음의 방향으로 가고 있지만, 반드시 죽음의 방향만이 아닌 빛의 방향으로도 가고 있습니다."

CH: "그러니까 이 그림에서 당신은 왼쪽 위에서부터 오른편 위를 거쳐 오른쪽 아래로 가는군요……."

이 영역은 자주 모성 주제의 상징이 되는 그림 영역이다.

U: "……나는 과거에서 와서 미래로 갑니다. 그리고 여기 이 어두운 문에서, 바로 빛의 존재가 한없는 사랑으로 이 사람을 받아들입니다. 그는 아주 어둡고 좁은 길을 지나, 이제 빠른 걸음걸이로 이 존재에게 다가갑니다. ……예, 그렇게 다가갑니다."

CH: "그러니까 당신은 이 길을 뒤로 하고 앞으로 나아가는 이 형상과 당신을 동일시하는 군요?"

U: "예. 나는 빛의 존재가 사랑이 넘치는 모습으로 받아 주는 이 형상을 나 자신과 동일시합니다."

CH: "그러니까 이 길은 왼쪽 중앙이 아니라 왼쪽 위에서 시작하여, 어떤 것과 연결되는가요?"

U: "나는 거의 왼쪽에서 오른쪽으로 그리지요. 그러나 위에서부터……예, 그것은 내려오는 길이며 심연으로 나아가는 길이기도 합니다. 나는 아래쪽 아주 깊은 곳으로 내려가야 했기 때문에 분명히 위에서 시작했을 겁니다."

이 말은 출생의 과정을 아주 잘 기억하게 한다. U 여성은 대화 중에도 말했듯이 Grieg의 음악 'Ases의 죽음' 을 통해서 자신의 죽음을 연상하며, 심연으로 가서 어두운 땅을 건너 갑자기 오른쪽으로 방향을 돌려 광명에 이른다. 여기서 그녀는 H 여성이 그린 「죽음과 탄생」(p. 53)처럼 자기탄생의 영적 과정을 경험하고 그린다.

가장 가까이 있었던 사람의 죽음은 이제까지 경험하지 못했던 것에 다가가는 자신의 죽음처럼 느낄 수 있는데, 이는 H 여성이 난파된 배로 실패한 자기를 묘사했던 것과 같다. 자기 자신이 죽음과 실패한 자기를 볼 수 있게 되면 죽음을 통한 영적 재탄생, 자기탄생, 심리적 탄생으로 갈 수 있다. 이러한 심리적 탄생은 애도과정을 성공적으로 연결하는 핵심역할이다. 그 전까지는 많은 부분에서 잃어버렸다고 생각했던 리비도가 자기탄생을 통하여 다시 자기 자신과 세상으로 나아갈 수 있게 된다. 더불어 U 여성이 자신의 길을 오른쪽으로 단호하게 선회하는 것처럼 내적 회귀도 그렇게 이루어진다. U 여성은 자신에게 종교적 의미를 부여한 빛으로 가득한 존재에게 몸을 돌리며, 동시에 중요한 영적 에너지 원천을 자신에게서 다시 발견하기도 한다. 이것은 U 여성이 자기발전에 필요한 자신의 삶으로 다시 돌아갈 수 있으며, 자신에게로 회귀할 수 있다는 것을 의미한다. H 여성은 자기탄생 이후에 생활의 아주 작은 것들도 주의 깊게 관찰하여, 「사막」(p. 62) 그림에 그것들을 표현함으로써 자신을 위한 삶을 찾았고 다시 발견하였다. U 여성의 다음 그림도 자기 자신에 대한 회귀며 자신의 가족사가 된다.

U 여성과 H 여성의 그림에서 자기탄생의 상징은 전형적인 상징으로, 새로운 자기관계와 세계관계가 시작되는 것을 나타내며, 삶과 죽음의 새롭고 심화된 이해를 이끄는 상징이다.

나무 그루터기

「세 그루의 관목 혹은 해체된 나무」 그림에서 가지들은 흩어졌는데, 이제 설명하려는 「나무 그루터기」 그림에서는 나무가 다시 생겨난다. 이 그림은 딸이 죽은 지 3년이 되는 시기에 그린 것이다.

U 여성은 여기서 완전한 나무보다 나무 그루터기를 그린다. 이 그림은 공원에 있는 오래된 참나무에서 영감을 받고 그린 것이다. 나무 줄기와 그루터기가 중요하게 보이며, 부러진 가지와 나무 상처도 그런 것 같다. 그러나 이 나무는 아주 생동감이 있고, 많은 리비도를 가지고 그렸으며, 색과 형태에 아주 섬세한 뉘앙스를 주었다. 어린 가지들이 중요하게 보이는데, 나머지 것들이 아프리카의 바오밥 나무처럼 아주 강건하고 육중하게 보이기 때문에 더욱 그

나무 그루터기

러하다. 나무뿌리의 그루터기가 잘 고정되어 있어서, 나는 나무가 있는 땅 아래에 풍성한 뿌리를 연상하였다. 이 나무는 폭풍에 의해서 부러졌지만 쓰러진 나무가 아니다. 나무는 불규칙적인 균열을 보이며, 심지어 줄기 내부가 심하게 갈라져 있다.

U: "나에게는 나무의 상처나 가지가 잘려진 것과 부러진 것이 아주

중요하였습니다. 나는 처음에는 흑백으로 그리고 나중에야 색을 칠했습니다. 붉은색으로 칠해진 것은 상처들입니다."

CH: "그리고 여기에 있는 것도 부러진 가지들입니까?"(나는 나무의 중심에 있는 나선 형태를 가리켰다.)

U: "그것은 나무에 있는 연골과 같은 것입니다. 그러나 여기 위에는 가지들이 부러지고 잘려져 있습니다."

CH: "그리고 여기 이것은 다시 더 작은 한 그루의 나무군요. 혹은 그에 딸린 가지로 그 자체가 따로 있는 것처럼 보이네요."(나는 오른쪽으로 휘어진 '줄기 가지(중심 가지)'를 지적하였다.)

U: "예, 그것도 살아 있으며 위에는 아직 작은 잎들이 있습니다."

나무를 그리는 방식으로 보아, 나이가 많은 이 나무는 단순히 개인을 상징하는 것이 아니라 오히려 계통수, 즉 가족 나무에 대한 것이라고 추측할 수 있다.

나무의 줄기는 특히 더 중요한 것처럼 보이는데 그림에서 중심을 차지하고 있다. 우리가 이 나무를 '가족 나무' 곧 계통수로 이해한다면, U 여성은 그것으로 이미 오래전에 떨어져 나간 가족의 책임자에게 더 큰 의미를 부여하려는 것 같다. U 여성의 아버지는 그녀가 세 살이 되었을 때 전사하였다. 그녀가 그림에서 나무의 몸체를 아주 강조함으로써 그녀의 아버지가 생존했던 것이 자신에게 얼마나 중요했던가를 나타내려고 한 것 같다. 우리는 자주 중요한 것을 전면에 그리면서 그것이 우리에게 얼마나 중요한가를 강조한다. 그리고 바로 어떤 근본적인 것이 우리에게 없을 때, 그 존재가 없기 때문에 그것은 특별히 중요한 의미를 얻게 된다. U 여성에게도 이런 상황이 적용된다. 그녀는 겨우 세 살이었는데도 아버지에 대한 기억이 선명하며, 아버지가 없다는 사실에 매우 슬펐다고 한다.

내가 '그녀의 가족 나무'에 대해 언급했을 때, U 여성은 이미 어릴 때부터 자신의 가족에게 상처가 많았으며, 그녀에게는 아버지가 돌아가신 것이 가장 고통스러운 사건이었다고 말하였다. 게다가 그녀는 자신과 아주 닮은 가지를 그렸다. 이것은 원 줄기에서 떨어져서 자신만의 형태로 발전하였으며, 중앙의 상처를 안고 있는 모습을 가졌다. 그림에 상처를 묘사하려고 하는 가장 붉은 자리들은 자기 자신이면서도 어린 시절 자기 가족의 일부분이기도 한 것으로 그녀가 겪는 고통을 나타낸다. 그녀가 이 그림을 그릴 당시는 남편과의 이혼이 결정되려는 시기였다. 나무는 U 여성이 이미 그녀의 친정 가족으로부터 자신의 길을 선택했다는 것을 보여 준다. 그녀와의 면담을 통하여 이 자리와 친정 가족에 대해 이야기를 끄집어낼 수 있었으며, 원 줄기에서 오른쪽으로 휘어지는 그녀 자신의 가지에 대해서 주의를 기울이게 하였다.

CH: "이 나무에서 여기 본체와 분리된 가는 가지가 특이하게 보입니다."

U: "예, 그것은 바로 나에게는 고통이었는데, 우리 가족들과 완전히 다른 길을 가는 것으로 아주 힘든 길이었지요. 나의 어머니는 직업 여성이 아니었고, 언니들도 직업을 가지지 않았으며, 친구들만 해도 여자들은 직업을 가지지 않은 경우가 많았습니다. 그곳에서 나 혼자 어떤 새로운 것을 시작한다는 것이 아주 어렵습니다."

U 여성은 여기에서 스스로 고립된 가지와 자신을 간접적으로 동일시한다. 나는 그녀가 나뭇가지와 자신을 동일시한다는 것을

알고 말을 건넨다.

CH: "예, 당신을 멀리 떨어져 있게 하는군요……."

U: "……전적으로 동감합니다. 나는 많은 면에서 멀리 떨어져 있습니다. 먼저 A의 죽음을 통하여—여기서 이해하고 동감할 수 있는 있는 사람, 전적으로 동감할 수 있는 사람은 많지 않을 것인데, 그것은 그런 것을 아직 경험하지 못했기 때문입니다—또 이혼을 통하여 그리고 나는 이제 다르게 변했는데 그 예로 평화운동과 같은 것을 통하여……."

CH: "……그러니까 정치적 확신에서도……."

U: "……맞아요. 나는 공동체에서 진행되고 있는 많은 것들에 대해서 좋지 않다고 여겼으며 동감하지 않은 것도 많았어요. 나는 아주 자주 국외자였습니다……."

CH: "……자, 보세요. 당신이 이 나무를 당신의 가족 나무와 당신 자신의 나무로 묘사하려고 했는데, 이 특별한 나무도 언저리에 있어요. 그렇지만 그것은 독특한 모습으로 자라고 있으며, 위에서 잎들이 돋기 시작하였고 그림은 자연스러운 모습을 보입니다. 이 오래된 참나무는 아주 강한 어떤 것, 즉 아주 견고한 뿌리를 가지고 있다고 볼 수 있습니다……."

나는 이제 이 특별한 가지와 그녀를 동일시하는 것을 구체적으로 말하며, 이 관점에서 그녀의 독립적 발전과 더불어 그녀가 이렇게 강건하게 뿌리 내린 가족 나무에 속해 있다는 것을 긍정적 방식으로 밝히려고 한다.

눈물 호수

U 여성은 나무 그루터기를 그린 후 얼마 되지 않아 「눈물 호수」를 그렸다. 그녀는 기독교 현대 동화에 따라 이것을 그렸으며, 여기에서 다시 딸의 죽음을 받아들일 수 있는 상황을 다루었다.

이 동화에서 고아가 된 청년은 자신과 자신의 신세를 생각하면서 너무 많이 울어 그 눈물이 호수가 되었다. 그는 이제 선택의 기로에 섰다. 자신이 만들어 놓은 이 눈물 호수에 빠지거나, 배를 타고 이 호수를 건너 '모든 아들 중의 왕' 이신 분을 만나서 자신의 고통을 치유하는 것이다.

U 여성은 그림의 중앙에 눈물의 호수를 추상적으로 그렸으며, 그곳에서 수년에 걸쳐 반복하여 터져 나오는 눈물의 홍수가 멈추기를 청한다.

U: "……나는 그 당시에 나 자신에게 말했지요. 다시는 오랫동안 이 고통을 맛보지 않겠다고요."

CH: "그러니까 눈물의 호수에 빠지지 않겠다는 것이군요."

U: "……예. 충분히 울어서 나는 더 이상 그 안에 빠지지 않으려고 했고, 그냥 눈물이 흐르도록 놔두려고 했으며, 더 이상 눈물의 호수에 있기를 원하지도 않았습니다."

CH: "그래요. 자, 여기 꽃이 있네요. 연꽃이 눈물의 호수에서 피어나고 있네요."

U: "맞아요. 그것은 호수 밑에서 올라오고 있어요. 그것은 태양의 반대편에서 피어나고 있습니다. 이 그림은 나를 아주 강하게 하였으며, 바로 이혼 시기에도 그랬습니다."

눈물 호수

U 여성은 여기에서 자신의 고통, 딸의 죽음에 대한 슬픔, 그 시기에 마침내 남편과 이혼하게 된 고통을 한 그릇에 담고 있다. 애도연구에서 증명되었듯이, 모든 새로운 이별은 과거의 모든 상실감정을 다시 한 번 떠오르게 한다. 이 그림을 통하여 U 여성은 다시 애도작업의 한 부분을 정리하고, 더 이상 슬픔이 넘쳐나는 것을

허용하지 않으며, 고통을 더 이상 오랫동안 끌지 않으려 하였다. 이 그림은 구조화의 경향을 선명하게 보인다. 그에 대한 표시로 U 여성은 '혼돈된 감정단계'를 체험하고 견디어 낸 후에 영적으로 자신을 다시 정립하기 시작하였다.

유리컵 속의 장미

다음에 나오는 두 장의 그림에서 이것은 더 분명해진다. 이 그림에서 U 여성은 그녀의 상실 체험을 혹독하게 표현한다. 장미는 죽은 딸을 상징한다. 그녀는 이 그림을 죽은 지 3년이 되는 딸의 생일에 다시 그렸다. U 여성은 장미가 그녀와 딸을 위하여 아주 중요한 상징이었다고 이야기한다. 여기서 이별이 완성된 것으로 보인다. 유리컵에는 그녀의 기억과 사랑이 담겨 있다. 위에서부터 부드러운 빛이 장미가 있는 곳으로 내려오고 있으며, U 여성은 그 빛, 즉 종교적 차원의 상징이 되는 빛으로부터 위로를 받는다.

앞서 H 여성이 다른 차원에서 「인간 천사」(p. 70)의 형태로 아들을 다시 발견한 것처럼, U 여성은 여기에서 딸을 이러한 장미 형태로, 모녀가 모두 아주 좋아하는 장미로 발견한다. 그러나 사별을 부정하는 것은 아니었다. 즉, 장미는 흰 아네모네처럼 땅에 피어 있는 것이 아니라 꺾여서 유리컵에 꽂혀 있다.

U 여성은 황량한 가지로 그녀의 상황을 단호하게 묘사한다. 이혼문제를 더 이상 끌 수 없다는 것을 받아들인다. 관계가 사라져버렸다.

유리컵 속의 장미

낡은 것과 새로운 것

이 그림은 동행했던 애도작업과 그때까지 다루었던 그녀의 개인적 사건에 대한 결과로 보인다.

그림의 왼쪽에는, U 여성이 밝혔듯이 '과거의 폐허' 에 해당한

낡은 것과 새로운 것

다. 그녀는 이제 더 이상 검은 구획에 있지 않고, 많은 대화와 자신의 상황 및 과거의 생활상태를 재고하고 가까이 다가감으로써 빛을 받고 있다. 그녀의 길은 아래에서 다시 위로 나아간다. 게다가 앞서 「지나온 길」(p. 106) 그림과 비교하면, 왼쪽 위에서 아래쪽으로 가는, 심연으로 가는 길을 다시 위의 밝은 곳, 빛이 넘치는 곳, 미래로 가는 곳으로 그렸다. 그리고 이전 그림과 같은 빨강-보라지만 이번에는 더 밝게 칠해졌다.

길이 굽어지는 곳 위에 피어 있는 장미는 사랑을 나타내는데, 이 사랑은 굴복하지 않는 것이라고 U 여성은 설명한다. 이 장미는 그곳에 있으며 꽃을 피우고 있다. 그녀는 장미가 서 있는 곳을 비추는 빛은 서서히 삶의 어둠을 걷어가고 있다고 말한다. 그녀는 다시 위에서 내리비추는 빛의 상징과 작업을 한다. 그러나 이 빛의 흔적 왼쪽에는 커다란 어둠이 주도하고 있다. 그와 대각선에 위치한 곳, 화지의 면적으로 보아 아주 작은 아치형 문에 빨강-보라가 있는데, 이것은 그림의 위쪽 부분에 있는 어둠을 보완하고 있는 것으로 여겨진다. U 여성은 이 빨강-보라를 아직도 고통과 슬픔으로 연상한다. 그러나 빨강에서는 공격적 에너지가 포함되어 있으며, 이러한 것에서 '고통에 가득 찬' 빨강을 걸러낼 수 있지만 어쩌면 아직도 성숙으로 다가가지 못한다는 것일 수도 있다. 공격성은 애도과정에서 아주 결정적인 감정이지만, 이 감정은 극복할 수 있는 힘, 분리할 수 있는 힘과 경계를 지을 수 있는 힘을 준다. 그러나 자신이 그것에 눌릴 때는 반대 상황이 되는데, 곧 우울증이 따르게 된다. 어쩌면 U 여성은 이 그림의 위, 특히 왼쪽 위에 아직도 무섭게 억누르고 있는 어둠을 힘을 다해 밖으로 밀어내기 위하여, 자신 안에 있는 그러한 힘의 원천에 더 많은 여지를 주어야 한다. 또한 요구와 강요에 대하여, 외부의 영향에 좌우되었던 과거의 자신에 대하여 더 경계를 두어야 한다. 또한 U 여성은 남편과의 결별, 그림 아래의 중앙에 돌로 묘사된, 이제 3개월 된 이혼 상황을 극복하기 위해서도 이 공격적 힘이 필요하다.

그녀는 이 시기에 이미 생활에서 새로운 것을 실현하였다. 그리고 새로운 자기관계와 세계관계를 위한 표시로서, 애도과정의 마지막 단계의 특징으로 이해할 수 있는 삶에 더 많은 가능성을 줄 수 있게 되었다. 즉, 그녀가 새로운 열정을 표현하고 자신의 열정을 춤으로 보여 주고자 하는 것이 오른쪽의 소용돌이 형식으로 나타난다. 여기에서 애도과정과 관련하여 더 확장된 관심거리가 있다. U 여성은 인터뷰에서 나에게 자신의 딸이 얼마나 정열적이었는지를 이야기하였다. 예를 들어, 그들이 함께 시내에 나갔다가 그곳에서 거리의 악사들을 만나자, 딸은 가만히 있지 못하고 길에서 춤을 추기 시작하였다는 것이다. 분명해진 것은 이제 U 여성은 자신도 그러한 형태의 움직임을 좋아한다는 것을 발견하였으며, 그녀의 딸에게 있다고 여겼던 움직임에 대한 애정을 자기 자신에게도 받아들여 자기의 특성으로 경험하게 된다. 이러한 상황은 이미 H 여성에게도 발견할 수 있었다. 그녀는 아들에게 구조화 능력과 의미 있게 시간을 배분하는 능력을 얻게 되었다. 또한 애도작업의 일정한 시간이 지난 후에 그러한 능력을 자기 자신 안에서도 발견하고 경험할 수 있었다. U 여성은 이러한 맥락을 여행에 대해 말하면서 더욱 분명하게 확인하였다. 그녀의 딸은 자신의 삶을 위해서 여행을 즐겨 하였는데, U 여성도 딸이 죽고 몇 년 후에 스스로 여행을 떠나기로 하였으며, 그 이후로도 과거 결혼생활 때보다 훨씬 더 많은 여행을 하였다.

이러한 새로운 삶의 질, U 여성 스스로 작업하였던 이 새로운 삶의 특성들은 이제 나무 묘사의 변화와 나무 상징에서 확실하게 나타난다.

여름나무

U 여성은 나무를 보이는 대로 사실적으로 그리려고 계획하였다. 그러나 그것은 뜻대로 이루어지지 않았고, 무의식의 감독 아래 내적 심상의 그림이 되었다.

이 새로운 그림구조에 그녀가 처음에 그린 「수관이 없는 겨울나무」의 기본 골격이 다시 나타난 것은 매우 인상적이다. 그러나 이 그림에는 수관이 없는 것을 그렇게 무자비하게 드러내어 그린 것이 아니라, 파손되고 큰 상처가 있는 부분에 푸르른 잎이 무성하게 자라고 있다. Jung은 고통당한 상처를 '극복하는' 능력의 본보기로 나무의 성장 능력을 보는데, 나무는 인간에게 사별을 이길 수 있는 극복과정의 도식을 제시한다.[45]

「수관이 없는 겨울나무」에서 오른쪽과 왼쪽 가지가 잘린 헐벗은 황량한 가지들은 이제 녹색을 띠게 되고, 새 가지들이 자라났으며, 그림의 배경에 소나무가 뿌리를 내린 것처럼 보이고 파손된 부분에서 방향을 바꾼 것처럼 보인다. 새로운 환경이 만들어졌다.

나무는 단단한 바닥에 서 있으며, 더 이상 청색-회색 물 배경에서 있지 않다. 나무 둥치 아래 주변도 녹색을 띠며 풍경도 여름 같

여름나무

다. 하늘은 비가 올 것 같은—넓은 붓으로 그렸다—반면에, 나무가 서 있는 풍경은 오히려 더 부드럽게 보이며 빛이 감도는 것처럼 그렸다. 하늘은 U 여성이 항상 고통과 슬픔의 색으로 사용하였던 파랑-보라를 띠면서, 공간의 위쪽 1/3을 차지하고 있다. 어쩌면 그것은 어두운 운명의 하늘 아래 경험했던 슬픔을 통하여 새로운 삶이 다시 펼쳐진다는 것을 암시할 수 있다. 어두운 구름이 있는 하늘은 풍요로운 비를 내리고 열매를 맺게 한다.

「수관이 없는 나무」 그림과 비교해 볼 때, 흥미롭게도 여기서 더 많은 것을 발견할 수 있다. 앞의 그림에서는 문제를 가진 영역이 그림 공간의 2/3 아래에 있고, 위 1/3은 오히려 빛이 가득한 무지개색으로 그린 「여름나무」가 반대로 아랫부분에 빛이 있고, 윗부분에는 무겁고 어두운 파랑-보라가 더 가늘게 칠해졌다. 이 두 그림에서 보상원리가 작용하는가? U 여성은 애도과정의 초기에 빛, 밝음을 '위에서', 즉 의식에서, 정신에서, 또 종교적 영역에서 더 기대하였다. 그러나 지금은 오히려 '위에서' 어떤 어두운 것, 고통스러운 것이—욥의 경우처럼—그녀에게 포고한 것을 사실로 받아들인 반면, '아래에서', 즉 그녀 자신의 본성인 영역에서 빛을 기대한다. 빛은 '위에서' 만 오는 것이 아니다!

나는 이 시점에서 다시 H 여성의 그림들과 이 그림을 비교하고 싶어졌다. H 여성의 그림에서 중심 형상과 동일시 형상이 서서히 사지와 얼굴을 보이고 옷을 입게 되는 것처럼, U 여성의 그림에서 나무도 점차 녹색빛을 띠게 된다. 심리 내적으로 보면, 이것은 H 여성이나 U 여성도 재정돈과 심리적으로 새로운 구조를 이룰 수 있다는 것을 암시한다.

또한 이 그림에서 우리는 새로운 자기관계와 세계관계가 현실적으로 될 수 있다는 것을 읽는다. 그러나 U 여성은 아직도 구름이 짙게 낀 어두운 하늘로 항상 다시 반복되는 우울한 기분, 특히 아침에 더 많이 시달리게 되는 이러한 기분을 표현하였다. 그러나 그녀는 점점 더 딸과 남편 없이도 자신의 삶을 살 수 있게 되었다. 이것은 다음의 그림에서도 나타난다.

상처가 아문 나무

U: "이 나무는 이전에 그린 나무들과 비교하여 볼 때 아주 많은 변화가 있으며, 그때는 터져 있던 상처들이 여기에서는 꿰매어지고 아물게 된 것이 나에게는 아주 중요합니다. 더군다나 완전히 새롭고 강한 어린 가지가 솟아나오고 아주 넓은 잎이 힘 있게 나왔어요. 위에는 더 작은 나뭇잎들이 막 돋아나기 시작하고 아주 어린 가지가 솟아나오는데, 여기서 쉽게 치유되고 아물게 되며 완전히 새로운 싹이 나오려는 힘찬 느낌이 듭니다! 그래요. 형태가 다양한 아주 다른 나뭇잎들이 달려 있습니다."

이제까지 속이 보이던 열린 상처는 여기서—딸이 죽은 지 4년이 되는 시간—아물고 새롭게 힘찬 새싹이 나오며, 새로운 나뭇잎들의 형태가 다양하게 보인다.

이 나무에서 「나무 그루터기」(p. 109) 그림의 기본 구조를 분명하게 다시 볼 수 있다. 그러나 지금 나무는 가지가 다르고 나뭇잎들이 달려 있으며, 부분적으로 예외가 되는 것으로 일부분은 암시만 주는 형식으로 그려졌다.

여기에서 중요한 점은 이 나무가 연필로 그려졌다는 것이다. 이

상처가 아문 나무

러한 흑백의 기법에서 새로운 구조, 즉 분명하고 선명한 구조를 볼 수 있다. 그녀가 색을 칠하여 그릴 때는 그렇게 분명하게 그리지 않았다. 색들이 분위기와 감정표현을 적절하게 표현할 수 있는 것처럼, 연필화는 그래픽 특성상 구조를 보여 준다. 우리는 U 여성이 연필로 그림을 그릴 때, 더 이상 감정의 방어와 상관없이 새로이 만들어진 내적 구조가 승화된 것으로 본다. 여기서 심리적으로나 그림으로도 새로운 구조에 대한 그녀의 의지와 능력을 보여 준다. 이것은 그녀가 쓴 서명으로 더 강조된다. U 여성은 나무의 아래 줄기의 중앙에 서명을 하였는데, 다른 그림에서는 주로 오른쪽 아래에 서명을 하거나 전혀 하지 않았다. 이와 관련하여 자신의 개성과 자신을 스스로 보는 새로운 능력을 다룬 것이 인상적이다. (익명을 위해서 서명 부분을 보이지 않게 가렸다.)

그림의 중앙을 연필로 진하게 칠한 것이 눈에 띄어서, U 여성에게 그것에 대하여 질문하였다.

CH: "그런데 당신은 여기를 아주 집중적으로 그렸네요."
U: "……예, 이것은 바로 상처가 아문 곳이며, 힘이 나오는 곳, 바로 힘의 중심입니다."

가장 상처를 입은 자리가 곧 힘의 중심이 되었다. 또한 주변 환경은 아주 생기가 있다. 이 나무는 상처가 있었다는 것을 확실하게 보여 주고 있다. 딸의 죽음과 이혼 흔적이 남겨져 있으며 그것을 부인하지 않는다. 또한 상처가 났거나 죽은 가지가 있는데, 그것은 상실로 인해 생긴 것으로서 생각에서 떨쳐 버려질 것이 아니라 함께 속해 있는 것이다.

이 나무의 구조와 나뭇잎은 독특하며 일상에서 흔히 볼 수 있는 나무가 아니다. 심리적 관점에서 보면, U 여성은 고통을 통하여 개성 있는 프로필과 특성을 얻었다는 것을 추측할 수 있다. 그러한 고통은 그녀에게 생존을 위하여 가상 내적인 힘을 움직이도록 요구하였다. 나무에 놀랍도록 커다란 나뭇잎들이 새롭게 피어난 것처럼,

그녀에게도 그런 놀라운 것이 자라나게 되었다. 이러한 것은 그녀의 새로운 생활 상황과도 일치한다. 그녀는 이제 H 여성처럼 새로운 직장생활에 완전히 적응하였다. 분명하게 그려진 나뭇잎의 자리처럼 많은 것들이 그녀의 생활에서도 이미 구체화되었지만, 어떤 것들은 아직 미해결 상태에 있다.

이 그림을 그린 후에 U 여성은 마침내 정리를 하는 힘을 발견한다.

정리정돈

U 여성은 이 그림에서 지하실로 가서 수년 동안 모아두었던 것들을 정리하여 반영하였다. 이 그림은 딸을 잃은 지 약 4년 반이 되는 시기에 그려졌다.

그녀는 물건들을 버리고 파기하고 정리하면서 남에게 선물로 주기도 하고 팔기도 하였다. 그러나 무엇보다 지하실을 그림을 그리거나 집단작업을 하기 위한 그녀 자신만의 공간으로 만들었다. (그 사이에 U 여성은 미술치료사 양성교육을 마쳤다.)

U 여성은 자신을 중앙에 그린 빨간 항아리와 동일시하였으며, '항아리의 느낌', 즉 붓고 채우는 것, 바로 주고받는 것과 관계되는 것에 대해서 말한다. 이 그림은 새로운 관계구조를 만드는 작업으로 이해될 수 있다. 그러나 항아리 뒤에는 아직 무거운 자루가 있는데, 색상으로 보아 책장에 있는 사람과 관련이 있다는 것을 알 수 있다. U 여성은 이 사람을 자신을 떠나버린 남편과 동일시한다. 아직 이혼에 대해 더 정리해야 할 일들이 있는 것이다.

정리정돈

무지개 십자가

U 여성의 그림 시리즈는 이 그림으로 끝을 맺으려 한다. U 여성이 무지개 십자가를 인식하게 된 이 그림은 나무 주제의 마지막 변화를 묘사한다. 여기에 추상적이며 만다라 상징과 비슷한 무지개 십자가 형태, 즉 나무의 두 기본 형태가 서로 연결되어 있는 것처럼 보인다. 그림에는 네 방향을 가진 십자가와 원이 있는데, 이 원은 네 개의 나뭇가지 혹은 십자 가지와 모든 나무에 있는 줄기와 수관의 횡단면을 내포하고 있다.

'무지개 십자가'는 표현상으로 보아 전체성을 표시하며, 대극을 통일한 빛나는 형태로서 감상자를 중심으로 집중시킬 수 있다. U 여성이 이러한 의미 상징을 형상화할 수 있다는 것을 안 것은 딸이 죽은 지 약 5년이 지나서야 이루어졌으며, 이것으로 다시 온전한 단계에 있다는 것을 확실하게 보여 준다. 그녀는 여기에서 그림의 중앙에 있는 태양과 비슷한 푸른색 중심을 통하여 그러한 특징을 보여 준다. U 여성은 자신의 그림에 대해서 다음과 같이 설명한다.

> U: "나는 예수님이 십자가에서 돌아가신 성 금요일에 이 그림을 그렸습니다. 친구와 나는 K에 있었습니다. K에 새로운 지도자가 부임했습니다. 그분은 성 금요일에 아주 훌륭한 강론을 하였는데, 감동적이었습니다. 강론은 아주 간결하고 매우 함축적이었습니다. 우리 중에 어린 여자아이를 데리고 온 젊은 부부가 있었는데, 신부님이 강론을 할 동안 푸른 눈의 이 아이는 내 앞에 있는 긴 의자에 앉아 있다가 자주 몸을 돌려 나를 가만히 쳐다보았습니다. 신부님은 설교대에서 강론을 하였는데, 그 말씀은 무척 감동적이었습니다.

무지개 십자가

그는 '주님은 우리에게 화를 내지 않습니다. 화를 내는 사람은 우리들입니다. 우리는 우리 자신에게 화를 내고 다른 사람들에게 화를 냅니다.' 라는 말씀을 하였습니다. 그리고 마지막으로—신부님은 자주 갑작스럽게 강론을 마칩니다—'평화는 항상 그대와 함께 있습니다.' 라고 말씀하셨습니다. 그 말에 내 마음이 움직여 눈물이 나왔습니다. 그런데 어린아이가 그 푸른 눈으로 눈물을 흘리는 나를 아주 놀란 듯이 쳐다보았습니다. 우리는 한동안 그냥 '눈과 눈으로' 서로를 쳐다보고 있었습니다."

이 그림이 그려지기까지는 두 가지 차원의 역할을 볼 수 있다. 첫 번째 차원은 성 금요일의 종교적 체험으로, 여기에 십자가 상징과 더불어 "평화는 항상 그대와 함께 있습니다."라는 신부님의 강론이 함께 있었다. 두 번째 차원은 어린이의 푸른 눈동자와 그 안에 있는 어린이 상징과 더불어 어린이를 만난 것이다. 여기에서 나는 그녀에게 말을 걸었다.

CH: "어린이의 시선이 당신의 마음을 그렇게 움직였군요."
U: "예. 나는 그 아이를 보면서 나의 자식들과도 만났다는 것을 아주 강하게 느꼈습니다."

어린 소녀를 통하여 그녀는 자살한 딸도 다시 만났으며, 어쩌면 어릴 적 딸아이의 모습과 더불어 U 여성 자신의 어린 시절과도 만났을 수 있다. 나는 다시 어린이에게로 접근한다.

CH: "당신이 자식들과 만났으며 당신 자신에 있는 내면의 아이도 만났군요."
U: "내면의 아이, 그래요. 나는 그곳에서 나 자신과도 온전히 만났지요."

그녀는 자신의 내적 어린이를 통하여 자기 자신을 변화시키는, 모든 미래의 가능성을 가진 변화하는 존재로서의 자신을 만난다.

위아래와 오른쪽과 왼쪽으로 푸른색 강 혹은 혈관으로 나눠지는 넓은 푸른색 원은 무지개 십자가를 만든다. 갈라지는 지점에 푸른색 구슬, 보석과 같은 구슬이 각각 자리 잡고 있어서 마치 고대 만다라 그림에서 교차 지점에 보석이 입구를 지키고 있는 것처럼 보인다. U 여성에게 이 푸른 구슬은 눈물이기도 한데 모든 방향에 하나씩 있다.

U: "그것을 그림에 그렸습니다. 눈물은 여기서 보석으로 있습니다. 여기 위에도 아직 한 쌍이 있으며, 아래에서는 금색 접시가 그 눈물을 받고 있어요."

CH: "……그러면 우리는 다시 눈물의 호수, 한곳에 금색 호수를 가졌군요."

나는 그것으로 그녀가 그린 눈물호수를 상기시킨다.

U: "예. 그 눈물은 보호받았습니다. 그리고 여기 내면은 장미며 심장입니다. 이 장미에 아이의 눈이 있습니다."

그것은 만다라의 중심을 지칭하는데, 아이의 푸른 눈동자가 있는 태양과 비슷한 이 형태는 복강신경다발 주위에 있는 정맥처럼 선명한 핏빛 빨강의 많은 핏줄 타래에 둘러싸여 있다.

전체적으로는 무지개 십자가의 중심처럼 보이거나 상징적 요인으로서 십자가와 대비되는 긴장을 품으며, 자신의 날카로움을 지양하는 원을 나타내는 만다라의 중심처럼 보인다. 심리적 전이로 보면, U 여성은 반대되는 형태를 이렇게 연결하는 것으로 이해할 수 있다. 그러므로 그녀는 자신이 체험한 것을 십자가의 찢어지는 반대 긴장으로—예를 들어, 딸의 죽음을 통하여 가슴이 찢어지는—자신을 둘러싸고 있는 어떤 것, 중심에서 네 방향을 잡고 있는 십자가로 받아들였다. 원은 모든 것을 받아 주는 형태면서 모든 것을 '가장 깊은 곳에서 결속하는'(Geothe) 형태로, U 여성의 종교적 입장을 고려할 때 그녀에게는 확실히 신의 상징이다.[46]

동시에 무지개 십자가의 중심은 다시 한 번 만다라와 비슷한 타원형, 즉 무지개 십자가를 받치고 지탱해 주는 타원형에 둘러싸여 있다.

CH: "전체는 둥근 형태에 둘러싸여 있습니다."

U: "예. 그것은 보라색 타원입니다. 고통이 바로 그곳에 있습니다. 그리고 위로부터 이 빛(평화)은 신부님이 '평화는 항상 그대와 함께 있습니다.' 라고 말씀하신 것처럼 내려옵니다."

CH: "……그러니까 당신은 여기서 다시 자연에 해당하는 형태를 발견하였군요. 아래는 호수, 위는 태양 그리고 중앙은 당신이 경험했던 모든 것을 의미합니다. 또한 아이와의 만남을 통하여 일어날 수 있는 모든 것을 위해 일종의 만다라 형태를 발견한 거지요. 그것은 모든 것이 모일 수 있는 형태로, 당신은 땅과 하늘의 오른쪽과 왼쪽 사이에서 쉬고 있습니다."

U: "바로 그것입니다. 성 금요일의 십자가를 의미합니다. 또한 나는 무지개 십자가를—십자가는 이런 형태를 지니고 있습니다—봅니다. 그것은 둥근 형태에 둘러싸여 있습니다."

다섯 개의 빛나는 작은 푸른 구슬들, 즉 그녀가 말한 눈물 방울들이 이 타원형에 놓여 있다. 다섯 개는 자연스러운 전체적 성장[47]을 의미하며, 색에 속하는 여섯 번째 눈물은 무지개 십자가의 바깥 원에 있으면서 이것과 연결되어 있다. 전체 무지개 십자가는 이러한 타원형을 통해 보호하는 더 큰 형태에 둘러싸여 있는 것 같다.

그림의 위쪽에 둔각의 녹색-파랑과 예각의 노랑-주황 삼각형이 있는데 이것들은 태양을 상징하는 것이다. 예각 삼각형은 거의 공격적으로 무지개 십자가 위에서 뚫고 들어옴으로써 둥근 형상과 비교되는 역동성을 안고 있다.

만다라 그림들은 자주 만다라 형태의 자궁을 묘사하며, 여기에서처럼 그것은 새로운 탄생을 의미한다. 심지어 이 과정은 그림에서 이중으로 묘사된다. 타원형 만다라에서 무지개 십자가가 생기며, 무지개 십자가에서 장미와 그녀 자식의 푸른 눈을 가진 태양륜이 생긴다. 이 모든 그림들은 인간의 심리적 탄생, 자기(自己)의 탄생이다. 또한 여성 신체 내부의 상징으로 보일 수도 있는데, 그 안에는 죽음에서 자기의 탄생이 이루어질 수 있을 때까지 새로운 빛의 싹, 푸른 눈동자의 아이가 자라난다.

U: "나는 이 그림이 중요하다는 것을 의식하였습니다. 예, 그것을 의식했지요. 나는 이 그림을 아주 정성스럽게 그렸으며, 다 그린 후에 정말 중요하다는 느낌이 들었습니다. 그러나 그 당시 나에게는 이 그림을 함께 볼 사람이 아무도 없었답니다."

CH: "그러니까 이것은 당신의 내적 발전을 다시 알게 해 준 그림이군요."

U: "맞아요. 이 그림에는 모든 것이 들어 있어요. 여기에는 푸른 눈동자의 아이가 있으며, 안이 밝으며, 나의 눈물은 진주가 되어……."

CH: "아이는 고유한 존재로서 발전 가능성이 여기에 있다는 것을 다시 보여 주며, 우리는 삶에 대한 이러한 원래의 힘을 그들에게서 발견하게 되는군요."

U 여성의 그림에 반영된 애도과정 – H 여성과의 비교

뜻하지 않게 자식을 잃게 되는 상실은 그러한 일을 당한 사람에게 항상 엄청난 쇼크 반응을 불러일으키는데, 더군다나 자식이 스스로 목숨을 끊을 때는 특히 더하다. H 여성처럼 U 여성도 딸의 죽음을 접했을 때 쇼크를 받아 온몸이 마비가 되었으며 말문이 막혔다.

첫 번째 그림인 「수관이 없는 겨울나무」(p. 97)에서 우리는 그녀의 생명나무인 한 그루의 나무를 보는데, 이 나무는 폭풍, 허리케인을 맞은 것 같다. 주변 환경이 황량해졌을 뿐 아니라, 나무 자체도 모든 꽃, 잎, 열매가 (세 개의 봉오리 외에) 완전히 사라져 버렸으며, 뿌리도 씻겨져 나갔고 수관도 잘려 나갔다. 모든 것이 사실이었다. 딸은 정말로 죽은 것이다.

이러한 인식은 U 여성에게 엄청난 정체성 불안을 초래하였는데, 이를 「세 개의 관목 혹은 해체된 나무」(p. 101) 그림에서 볼 수 있다. 그녀의 생명나무는 가지로 해체되었다. 이것은 심리 내적으로 위협적인 자아해체를 암시한다. 그러나 위에서부터 내려와서 중심을 비추는 빛의 원천, 즉 그녀가 '신의 빛'으로 연상하였던 이 빛의 원천을 통하여 반대의 힘을 낼 수 있다. 여기서 그림으로 표현되는 것은 그러한 불안에 반대의 힘을 주는 존재로서 중요한 역할을 한다. 이 빛의 중심적 힘은 그녀 자신 안에 있는 힘의 원천으로, 그림을 고찰함으로써 그 힘이 그녀에게 되돌아간다.

이 시기에 U 여성은 아직도 심한 죄책감에 싸여 있었다. 그녀 자신은 이중적으로 거부된 자로 느끼고 있었으며, 남편도 딸도 붙잡을 수 없었다. 그 당시에 그녀가 겪은 감정은 나쁜 부인과 나쁜 엄마라는 것이다. 그러나 그녀는 그림을 그리는 행위를 통하여 적어도 그것에서 빠져나올 수 있는 순간을 가졌다.

그녀는 딸이 죽은 지 1년이 되는 날, 딸의 생일을 기념하는 「하얀 아네모네」(p. 104)라는 그림을 그려서 그것을 딸에게 상징적 행위로 선물한다. 이것은 그녀가 딸에게 줄 수 있는 가장 큰 선물로, 그림에 창의적 독창성과 그녀 내면의 어떤 고유한 것을 함께 표현한 것이다. 우리는 이러한 태도를 그녀가 다시 회복하는 것으로 이해할 수 있으며, U 여성 자신도 이러한 고통스럽고 짓누르는 죄책감에서 벗어나는 데 도움이 된다. 그 외에도 U 여성은 이것을 네 송이의 꽃이 핀 어머니 식물로 보아—딸의 죽음을 받아들이지 않으려는 방어기제로 해석되는데—다시 딸과 합쳐지는 상징적 해결책을 발견한다. 또한 이 그림은 U 여성을 위한 위로의 그림이기도 하다. 누구도 그녀에게 세 명의 자식을 둔 어머니가 아닌 네 명의 어머니라는 것을 말해 줄 수 없다. H 여성이 죽은 아들에 대해서 그랬던 것처럼, A는 죽었지만 U 여성은 여전히 A의 어머니다. 이 그림에도 그것을 표현하였다. 우리는 오른쪽 아래 그림 영역에서 뿌리가 뽑힌 꽃을 어머니로서 자신의 개인사, 그녀 자신의 모성의 암시로서 이해한다.

「지나온 길」(p. 106) 그림은 애도과정에 매우 중요한 발전을 보인다. H 여성의 그림 「죽음과 탄생」(p. 53)에서처럼 우리는 여기에서 자기탄생의 상징을 발견하는데, 결정적 특성을 지닌 변화와 그로 인한 분리과정이 일어난다. 잃어버린 사람에 대한 감정적 끈은 느슨해지고 질적으로 변화를 보여서, 그 전에 있었던 리비도가 상징적 자기탄생의 경험을 통하여 다시 자신의 것이 된다. 그리고 자신의 삶을 위해 일어서고 이끌어 나갈 수 있으며, 다시 다른 사람과 새로운 관계와 더 깊은 접촉을 할 수 있게 된다. U 여성의 뒤에 있는 아주 어두운 길은 그녀가 설명했던 것처럼 고통과 슬픔에 의해서 포장되고, 우울과 심한 고통의 많은 세월을 거치면서 고통, 죄책감, 슬픔으로 그려진다—U 여성은 혼돈스러운 감정의 단계를 이 시기에 항상 만나게 된다. 또한 그 길은 더 좁아지고 더 깊어져서 오른쪽으로 급격한 회전을 하고서야 그곳에서부터 다시 빛이 있는 위의 길로 나아간다. 이것은 모든 인간이 고유한 육체적 탄생에 의해서 기본적으로 축적해 두었던 탄생 상황을 그린 상징적 그림들이다. 심리적으로 생존에 관한 것이 문제가 될 때 영혼은 이러한 경험에 의지하는데, 여기서는 사랑하던 사람의 죽음을 접하면서 이러한 상징 그림을 거쳐 새로운 탄생, 심리적 탄생에 이른다.

「죽음과 탄생」 그림에서 이것을 아주 인상적으로 그린 H 여성에게 이러한 심오한 자기탄생 경험은, 심한 고통을 경험한 '인생의 사막' 까지 가서 새로운 삶을 얻게 하였다. U 여성은 이러한 자기경험을 강하게 하고 난 후에 건설적이고 긍정적인 작업의 의미에서 자기의 가족사와 생활사에 관심을 돌릴 수 있었다. 이러한 '자기탄생' 의 그림을 그린 후에 그녀는 다시 그림 하나를 더 그렸는데, 여기에서 우리는 그녀의 입장, 그녀의 어릴 적 가족에서 자신의 역할, 그곳에서 그녀가 겪은 연결과 분리에 대해서 말을 건넬 수 있었다. 또한 자기 자신의 길을 가능하게 한 「나무 그루터기」(p. 109) 그림을 보여 주며, 그곳에 잘려진 가지, 그녀의 전체 상처와 새로운 잎이 나는 새싹도 그렸다.

다음의 두 그림에서 보여 주듯이 딸과의 완전한 분리가 이루어진다. U 여성은 더 이상 「눈물 호수」(p. 114)에 빠지지 않는다. 딸의 죽음에 눈물이 나는 것을 억누르지 않지만 그 안에 빠지지도 않으려고 한다. 혼돈스러운 감정의 단계를 극복한 것 같다. 새로운 안정단계가 이루어졌으며, 새로운 내적 영혼의 구조가 서서히 생성될 수 있다. 그리고 내용적으로 눈물 호수의 동화를 통해서뿐만 아니라 형식적으로도 변화가 나타난다. 추상적으로 그린 그림기법에서 구조화 형상이 분명하게 보인다.

다음 그림인 「유리컵 속의 장미」(p. 116)는 그것을 분명히 시사한다. 상실은 있었지만, 그것을 사실로 받아들이고 수용하였다. 결혼생활을 상징하는 황량한 가지와 죽은 딸을 상징하는 잘린 장미는 기억의 유리컵에 있다. 그녀는 그것으로 딸을 새로운 차원에서 다시 만나려 하였다. 이 그림 주제는 자신과 딸이 함께 좋아했던 장미로, 장미에 대한 사랑을 내적으로 표현한다. 장미는 잃어버린 딸의 상징이지만 이제는 더 이상 세 번째 그림처럼 뿌리를 뻗지 않고 한 송이의 꽃이 되었다. '찾고 발견하고 다시 분리' 하는 단계가 이 그림에 표현되었다.

자신의 생활 능력과 그때까지 이룩한 자신의 개인사에 대한 작업은 이제 「낡은 것과 새로운 것」(p. 117)에서 보인다. 새로운 사랑이 나타난다. 춤을 좋아하고 '과거의 폐허' 는 빛을 받았으며 빛이 비치게 되었다. 여기에서 새로운 자기관계와 세계관계를 알린다. 그녀는 그림의 오른쪽 아래, 작은 아치문의 빨강-보라를 아직 고통으로 여긴다. 빨강은 공격성을 표현할 수도 있지만 여기에서는 아직 은폐되어 있으며, 완전히 성장하지 않았지만 잠재되어 있다. 이제 U 여성의 애도과정은 혼돈스러운 감정의 단계를 극복했기 때문에, 다음의 두 그림은 마지막 단계인 재조직,[48] 적응,[49] 새로운 정체성 정립[50]의 마지막 단계로 가고 있다는 것을 말해 준다. 「수관이 없는 겨울나무」(p. 97)와 「여름나무」(p. 121)를 비교해 볼 때, 그녀가 상실을 받아들이고 수긍하고 있음이 분명하게 보인다. 두 나무에는 수관이 없다. 딸은 죽었으며 결혼생활은 파경에 이르렀다는 두 개의 의미가 수관이 없는 것으로 나타났다. 「여름나무」에서 이 '상처'는 '자라서 표면이 덮여'[51] 있으나 아직도 볼 수 있는, 즉 부정하는 것이 아니라 바로 이 나무의 특성으로 보여 준다. 그녀의 첫 번째 나무에서 흐릿한 청색-회색 바탕인 물에 '스펀지'처럼 그렇게 가혹하게 열려 있던 줄기 근간은 다시 단단한 땅에 서 있는데, 이 땅은 아주 다양한 색으로 그려져서 대지의 생명력과 연결될 수 있다. 나무줄기의 왼쪽과 오른쪽에는 녹색빛이 도는 가지가 휘어져 있다. 이는 「겨울나무」 그림의 구조와 비슷하며, 그림의 뒷면에 있는 새로운 작은 소나무로 볼 수도 있다. 그렇게 함으로써 주변 환경이 더 생기가 있어지고 「여름나무」의 그림에서 새로운 '자기관계'가 표현되었을 뿐만 아니라, 애도과정이 성공하여 마지막 단계에 왔다는 것을 말해 주는 새로운 '세계관계'[52]도 그려졌다.

그러나 U 여성은 그녀의 감정적 극복과 변화를 표현하였을 뿐만 아니라, 새롭게 얻어진 내적 영혼의 구조도 「상처가 아문 나무」(p. 124) 그림에서 표현하였다. 이 그림에서 다시 한 번 생명나무가 얼마나 심한 상처를 받았는가를 확실하게 볼 수 있다. 또한 우리가 자연에서 번개, 파괴적인 호우, 해일, 심지어 허리케인과 같은 재해의 모든 것을 겪은 나무에서 실제로 보는 것처럼, 자기 자신과 자신의 의지에 따른 형상이 되기 위해서 스스로를 새롭게 구성하는, 새로운 잎과 가지를 만드는 새로운 능력을 볼 수 있다. 이 나무는 부러지지 않았고, 전이적 의미에서 U 여성 자신도 쓰러지지 않았다.

U 여성은 이 그림들을 그린 후에 가족의 지하실을 정리하러 간다. 지하실은 모든 종류의 잡동사니가 모여 있으며 '생활용품'을 발견할 수 있어서 심리적으로도 무의식이 표현될 수 있는 영역의 상징적 의미를 지닐 수 있다(「정리정돈」, p. 127). U 여성에게 자기 자신의 영역을 완전히 정리하는 것과 집에서의 자기 영역을 정리하는 것은 중요하다. H 여성처럼 U 여성도 자신의 집에서 '주인'이 되려는 강한 욕구를 가졌는데, 예를 들어 집 내부 공간을 바꾸는 것, 가족에게 필요 없는 공간을 비우는 것이다—이 두 여성은 그동안 집의 빈 공간들을 세를 주었다. 또한 자기 고유의 공간과 관계가 있는, 즉 내적으로나 외적으로 그렇게 고치는 것도 그에 속한다.

U 여성의 마지막 그림에는 만다라 형태가 나온다. 그녀는 나와 인터뷰를 하고 난 후에 이제까지의 모든 그림들이 그 안에 통합되고, 자신에게 중심적이고 구조와 질서를 부여하는 영향을 주며, 동시에 그녀가 아직 많이 필요로 하는, 남편과의 결별을 내적으로 극복하는 힘과 에너지를 전하고 있다는 것을 알게 되었다. 이 문제는 아직 완전히 극복되지 않았다.

H 여성이나 U 여성은 이중적 애도작업을 거쳐야만 했다. 자식의 죽음과 남편과의 결별인데, 자식의 죽음은 그림 시리즈의 앞부

분에 다루어졌다. 고통스러운 상실 경험의 과정과 작업은 비슷하게 전개된다. 또한 죽음에 대한 소식을 부정하는 방어기제처럼 건강한 방어장치가 이 두 여성에게 보인다. 그러나 두 여성의 다른 점은 애도과정에서 이루어지는 퇴행을 그림으로 표현한 방식인데, 그것은 그들이 선택한 기법 때문에 그럴 수도 있다. H 여성은 퇴행적 경험과 그에 따라 서서히 이루어진 심리적인 새로운 조직을 그림에서 아주 선명하게 보여 주었다. 그녀는 사물을 아주 정확하게 묘사하여 이 과정을 보여 준다. 대조적으로 U 여성은 오히려 상징적으로 묘사하였다. 퇴행의 심리적 기제는 더 암호화되어 표현되었다. 그 예로 '그녀의 나무'를 청색-회색의 물이 있는 바닥과 동일시하는 주제를 그림으로써, 이 순간에 그렇게 하지 않을 수 없었고 그렇게 해야만 했던 것을 표현한다.

또한 모든 애도과정에서 아주 중요한 역할을 하며, 에너지를 해방시킴으로써 떠난 자와의 분리에도 아주 중요한 역할을 하는 공격성이 서로 다른 무게로 나타난다는 것이 눈에 띈다. H 여성의 그림에서는 공격성은 중요한 역할을 하며, 그와 연결된 불안도 마찬가지다. 이러한 관점은 U 여성의 그림과정에서는 그렇게 눈에 띄지는 않았다. 이것은 공격성의 다양한 극복을 보여 준다.

이 두 여성에게 공통되는 것은 수준 높은 상징화와 상징을 통하여 대비가 되는 것을 통일하는 표현 능력이다. 그들의 그림 시리즈는 무엇보다 자기탄생의 그림으로 감동을 준다.

H와 U 여성의 슬픔을 극복하기 위한 적절한 매체로서 그들이 자발적으로 그림을 그린 것들이 도움이 되고, 긍정적으로 영향을 미쳤다는 것을 보여 준다. 그들이 그린 그림들은 심한 고통과 상처

를 말해 주는 슬픔의 그림들이다. 또한 이 그림들은 창조력과 독창력과 상징화 능력을 보여 주는 작품들이며, 강한 활력의 표현이자 죽음에 직면하여 그려진 강렬한 작품들이기도 하다.

후 기

"내가 그린 이 그림들을 누군가와 함께 볼 수 있으리라고는 생각도 못하였어요."라는 U 여성의 말을 인용하면서 후기를 마무리하고자 한다. 몇 년 동안 그려진 이 그림들에 대한 대화가 치료에 효과적이었다. 그림에 상징적으로 나타나는 무의식에 있던 슬픔과 치유과정이 대화를 통해서 전보다 더 의식됨으로써 U 여성은 죽음으로 잃어버린 딸—H 여성의 아들처럼—을 다시 심리 내적으로 통합하였다. 그림과 상징적 애도과정에서 나타나고 작업되었던 것이 의식으로 통합되었으며, 인간의 전체성, 자기(自己)로 모아졌다. 이것은 그림에 대한 특별한 치료적 관계로서—Jung학파의 치료적 관점에서—무의식의 형상을 의식화로 돕는 대화과정의 영향이기도 하다.[53]

어머니를 잃은 딸

Ingrid Riedel

B 여성의 그림 시리즈

지금까지는 자살한 자식들의 죽음이라는 극단적 상실 체험을 극복하는 과정 중에 자발적으로 그림을 그린 어머니들의 사례를 서술하였다. 이제는 방향을 바꾸어 자주 일어나는 '일상적'이면서도 고통스러운 애도 상황을 극복하는 데 있어 그림이 주는 가능성을 살펴보고자 한다. 예를 들어, 성인이 된 딸이 어머니의 죽음에 대한 슬픔을 그림으로 그리면서 애도과정을 극복해 나가는 사례다.

죽은 자식들과 동행할 수 없었던 앞의 두 어머니들은 거의 출구를 찾을 수 없는 내적 중압감에 시달리다가 그림을 그리게 되었고, 몇 년이 지난 후에야 자신들의 그림에 대해 이야기할 수 있게 되었다. 이와 달리, B 여성은 어머니와 헤어지는 단계에서부터 어머니가 돌아가신 이후까지 치료적 동반자인 치료사가 있었다. 어머니와의 사별은 나와 치료를 종결하는 시점과 대략 맞아떨어지는데, 그 과정 동안 B 여성은 '무의식에서 나온 그림'을 스스로 발견하여 그렸고 그것이 발전되어 그림을 평가하는 것을 배웠다. 치료사인 나는 그림들을 단계적으로 따라갈 수 있었으며, B 여성은 자신이 그린 그림들을 가져와서 그림의 의미에 대해서 나와 이야기를 나눌 수 있었다. 우리는 그림을 그녀 어머니의 죽음과 연결시켜 감상하였고, 그것이 그녀에게 무엇을 의미하는지를 함께 생각해 봄으로써 그림을 주의 깊게 볼 수 있었다. 중요한 것은 성인 여성으로서 어머니의 임종에 동행한 상황을 이해하며 그림을 그리고 그림이 주는 의미를 발견하는 것은 어머니와의 이별을 위한 내적 작업에 큰 도움이 되었다는 것이다.

특히, 그림을 그리는 과정에서 이별이란 불가피하며, 어머니를 계속적으로 붙잡지 않고 그러한 이별을 이해할 수 있게 하는 상징들이 드러났다. 또한 그림에 대한 우리의 대화 덕분에 상징을 더 확실하게 이해하였으며, 다음 그림을 그리게 한 모티브와 그림 방식과 상징 자체는 완전히 자유롭고 자율적으로 이루어졌다.

B 여성은 미술치료 회기 동안 그림을 그린 것이 아니라, 일어난 상황에 중압감을 느끼거나 표현하고 싶은 깊은 내적 욕구가 일어날 때 집에서 혼자 그림을 그렸다.

어머니를 잃는다는 것은 가장 마음에 사무치는 경험으로, 이미 어른이 되었어도 그러한 감정은 마찬가지다. 여기서 소개하고자 하는 딸(B 여성)은 이미 50대가 된 여성이다.

중년의 나이에 들어서야 자신의 진짜 아버지가 누구였는지를 알게 되어 혼란스러웠을 때에도 딸은 어머니와 가깝게 지냈다. 어머니는 그때까지 그 사실을 딸에게 숨겼다. 딸이 자신의 아버지로 믿고 사랑했던 남성은 사실 양아버지였다.

물론 진실되고도 중요한 일이 너무 늦게 알려지게 됨으로써 딸과 어머니의 관계에 그림자가 드리워지기는 했는데, 그런 시기는 어머니의 불치병이 알려진 시기보다 훨씬 더 오래전이었다.

나는 B 여성의 그림을 하나씩 설명하기보다, 어머니-딸 관계의 의미와 딸에게 어머니의 상실이 무엇을 의미하는지를 간단히 밝히고 싶다.

아들에게도 마찬가지겠지만, 모든 딸에게 어머니의 임종과정과 뒤이은 죽음은 이러한 중요한 관계에 고통을 준 모든 것을 기억나게 한다.

어머니 인생의 마지막 시기에 고통스러웠던 것을 풀려고 했으나 어머니의 신체적, 심리적 상태 때문에 더 이상 설명할 수 없어, 이러한 것을 애도작업과 함께 풀려고 할 때, 딸의 애도 극복은 더 어려워진다. 그러나 어머니의 사후에도 내적으로 그녀와 화해할 수 있는 경우가 종종 있다. 어머니와 내적으로 계속해서 대화를 나누거나 믿을 수 있는 사람과 어머니에 대한 이야기를 할 수 있으며, 심지어 돌아가신 어머니에게 편지를 써서 자신과 어머니 사이에서 풀지 못했던 모든 것을 말할 수 있다. 이런 것을 시도하고 말할 수 있을 때 내적 화해도 이루어진다. 애도작업에서는 어떤 경우든 그러한 말을 하는 것이 효과적이라고 증명한다. 그렇지 않으면 슬픔은 억눌려 있거나 단계적으로 차단된다.

작별을 고한다는 것은 근본에 있어서 해결된 관계에서만 이루어진다. 그렇지 않으면 극복되지 못한 슬픔이 자주 예견할 수 없을 정도로 지속되는데, 특히 초기에는 자주 무의식적으로 어쩌면 그렇게 심각하지 않다고 느끼게 된다. 그러나 어떤 경우든 어머니와의 관계가 이제는 더 이상 진행될 수 없으며, 적어도 외적인 삶에서는 가능하지 않다는 것이 크나큰 슬픔이다. 부모님 중 한 분이 돌아가시면, 인간이 죽음의 운명에 대해 더 이상 방어할 수 없다는 것을 느끼며, 죽음과 우리들 사이에 방패가 없는, 즉 더 이상 부모가 없다는 것을 알게 된다. 동시에 부모의 죽음으로 우리는 죽음에 더 가까워지며, 이전에 인생의 덧없음을 이미 자연스럽게 알았다 해도 그제야 우리가 죽음에 무방비 상태라는 것을 느끼게 된다.

어머니의 죽음으로 여성들은 항상 여성성, 모성, 여성으로서의 정체성에 대한 질문을 다시 하게 된다. 어머니는 무엇으로 우리의 여성 정체성을 장려하거나 억눌렀는가? 어머니는 우리에게 우리 스스로 좋은 어머니가 되도록, 우리 자신을 받아들이도록, 우리 스스로를 돌보도록 안내했는가? 어머니는 우리가 절대로 충분하게 할 수 없었던, 그리고 앞으로도 결코 충분하게 할 수 없을 엄격한 초자아의 대표 인물이었는가?

우리에게 생명을 주었던 여성인 어머니처럼 어머니가 자주 우리의 유년기에 부여했던 삶은 우리에게 영향을 미친다. 또한 우리의 생명 감각은 어머니를 통해 나타난다. 어머니가 과하게 요구하고 절약하고 빈틈이 없으며 감정표현도 그러했다면, 우리도 우리의 삶에 과도하게 요구하고 인색한 경향을 보인다.

반면, 어머니가 넉넉하고 애정이 많으며 감정적으로도 따뜻하면, 그 자식들도 인생을 풍요롭고 선물을 받은 것으로 여기고 또 인생에서 그러한 것을 기대한다. 그리고 인생을 따뜻한 것으로 받아들이고, 실망 및 좌절과 작별하는 능력이 강해질 수 있다.

다음에 소개하려고 하는 사례에서 어머니와 딸의 관계는 딸이 어머니의 임종과정에 동행하면서 어머니에게 많은 애정과 사랑을 쏟는 경우다.

그해 성탄절 무렵에 어머니에게 위종양이 발견되었고, 다음 해 2월에는 장에 조약돌 크기만한 종양이 발견되었다. 어머니는 악성 대장암으로 판명되어 곧바로 수술을 받아야 했다. 어머니는 수술 후에 상태가 놀라울 정도로 다시 좋아졌다. 그녀는 수술 후의 회복과정에 많은 힘을 얻었고 눈에 띄게 기운을 되찾았다. 그러나 딸은 검사결과가 좋지 않다는 것을 알았는데, 이미 간으로 전이가 되어 어머니가 어쩌면 오래 사실 수 없을지도 모른다는 생각을 하였다. 그래서 그녀는 어머니를 집중적으로 간호하기 시작하였으며, 어머니가 가능한 자율적으로 있고 싶다는 신호를 보내면 그것을 존중해드렸다. 어머니는 5월까지도 항상 기운을 차리려고 노력하셨다. 그러나 6월에는 눈에 띌 정도로 쇠약해졌는데, 어머니는 놀랍게도 용기 있게 보였으며 자주 유머도 하면서 자신의 이러한 과정을 받아들였다.

그러나 딸의 애도반응은 강렬했다. 그녀는 어머니의 육체적 실존과 강하게 연결되어 있으며, 자주 자신과 어머니를 동일시하는 것을 경험하였기 때문에 어머니의 고통을 같이 느끼는 것 같았다. 그 당시 그녀는 어머니가 느끼고 생각하는 것과 같이 그녀도 그렇게 느끼고 생각하였으며, 육체적으로 모든 도움을 주고 어떠한 상황에서도 도울 수 있는 만반의 준비를 갖추고 있었다. 그녀는 당시에 어떻게 하면 어머니를 최대한 잘 모실 수 있는지에 대해 항상 자신의 직관에 질문하였다. 우리의 대화에서 그녀는 어떻게 어머니 옆에서 어머니를 간호하며 살 수 있는지에 대해 말하였다. 삶의 경계를 넘어선 저승의 길에서 어머니를 앞지르지 않고 그 곁으로 가는 것이 딸에게는 아주 중요하였다.

수개월 동안 어머니를 감독하는 것이 아니라, 어머니와 잘 동행하고 간호하면서 그녀를 도왔다. 그녀는 이러한 동행에서 미술작업을 통하여 자신의 감정들을 표현할 수 있는 길을 찾아 헤어지는 고통스러운 과정을 상징적으로 그림으로써 그 현상을 받아들이고 어머니를 내적으로 자유롭게 할 수 있었다.

다음은 이러한 과정에서 그려진 그림들을 서술하고자 한다.

토르소 안의 성스러운 불꽃

B 여성이 「토르소 안의 성스러운 불꽃」이라고 한 그림의 토르소 내부에는 '성스럽게' 느껴지는 불꽃이 타오르고 있다.

하체는 푸른색 껍질의 양파 모양을 하고 있으며, 그 안으로 빨간색이 뒤따른다. 이제 이 형태는 지성소 혹은 복강신경다발에서 활활 타오르며, 심장 형태의 두 가슴 사이에 안착한 불꽃을 감싸고 있다. 이 여성은 이것이 불치병을 앓고 있는 어머니에 대해 타오르고 있는 사랑이라고 스스로 말한다. 육체 내부에서 타오르는 불꽃은 위로 뻗어나가 육체 밖으로, 어깨 위쪽으로 빛을 내며 하늘 쪽으로 나아가고 있다. 즉, 어머니를 향한 이 사랑의 불꽃은—혹은

토르소 안의 성스러운 불꽃

그녀가 태어난 어머니 몸 안에서—이제는 하늘까지, 초월적인 곳까지 타오른다. 초월은 건너가는 것이며 변화하는 것이기도 하다. 초월과 변화의 색은 신비에 가득 찬 보라색이다. 이 보라에 피와 대지의 상징인 빨강과 하늘의 상징인 파랑이 섞인다. 목 부분의 보라와 만나기 위하여 보라색 함지박 혹은 보라색 접시에서부터 신체가 떠오른다. 신체의 머리는 이미 그림틀 밖으로 나가 그 위로 나아갔다. 이미 그것을 초월한 것이다. 이것은 변형된 어머니의 몸인가? 딸의 몸인가? 이러한 변화과정은 그들을 동시에 움켜잡은 것은 아닌가? 딸이 그린 것은 어머니의 임종과정에서 일어난 자신의 내적 변화며, 동시에 스스로 변화하는 어머니의 몸을 그린 것이다.

슬퍼하는 가슴 속에 있는 녹색 손

B 여성은 두 번째 그림을 스스로 「슬퍼하는 가슴 속에 있는 녹색 손」이라고 하였다.

그녀가 겪는 슬픔은 첫 번째 그림에 비해 심장 영역, 더 정확히 말해서 심방에서 더 어둡고 산만해진 보라색으로 나타난다. 가장 안쪽 심방은 진한 남색이며 그 안에 녹색 손이 보인다. 심장 안에 있는 여자 정원사의 희망 손, 딸은 이 녹색 손으로만 슬픔을 달랠 수 있다고 말한다. 심장 안에 있는 이 녹색 손은—가슴 위의 손!—단지 상상화를 통해서만 표현할 수 있는 의미 표시다. 그 당시 딸에게 어머니와의 이별의 고통을 견디어 낼 수 있는 방법은 그림을 그리는 것 외에는 아무것도 없었다.

여기에서 심장이 세 겹으로 고정되는 것이 그녀에게는 중요하

슬퍼하는 가슴 속에 있는 녹색 손

다. 첫 번째는 그녀의 골반에 해당하는 푸른 심연이며, 이곳에서 이러한 육체를 의식한 여성은 가장 높은 곳에 있는 접시 모양에 정박한다. 이 상태는 "내가 견딜 수 있는 결정적 지반을 아직 결정하지 않은" 단계다. 또한 아직 더 깊은 바다, 존재의 무의식 기저에 머무르고 있는 이중의 무거운 닻에 정박하는 것이다.

딸은 이 주간에 어머니와의 이별 시간을 마치 그녀가 어머니의 바다와 무의식의 심연 속에서 헤엄을 치는 것같이 경험하였다. 그녀의 존재는 이제 토르소만이 아니라 심장으로도 표현된다. 깊은 바다 속의 닻은 그녀의 심장과 연결되어 있다. 그러나 첫 번째 그림에서 몸속 깊은 곳에서 타올랐던 불꽃이 이제는 심장의 윗부분, 희망에 찬 녹색 목 영역에서부터 빛을 내는 공과 같은 머리까지 타오른다. 첫 번째 그림의 '복부에서', 즉 신체의 무의식에 해당하는 깊은 곳에서 올라온 것이 여기서 의식되었다는 것이다. 그녀는 자신의 사랑에 대해서, 감정의 힘에 대해서 알고 있다.

달 쟁반에서 타오르는 심장

「달 쟁반에서 타오르는 심장」이라고 명명한 세 번째 그림에 대해 B 여성은 다음과 같이 말하였다. "미리 느낄 수 있는 슬픔은 나의 육체와 나의 몸 밖에서 하나의 그릇, 즉 달 쟁반을 얻게 되었습니다. 나는 그것을 진한 암청색으로 그렸어요. 달을 그리면서 어머니의 임종과 그 동행에서 이루어지는 단계를 믿습니다. 나는 어떻게 동행할 수 있는지 잘 알고 있으며, 나의 여성적 직감도 믿습니다. 그것을 여성적 직감인 달의 그림으로 표현한 것입니다. 어머니와 나는 우리의 단계를 발견해야 합니다. 전에는 그것을 어떤 책에서도 읽을 수 없었습니다."

달은 조수의 간만과 연결되어 있으면서도 자기만의 단계를 지니고 있다. 임종과정은 이 여성이 경험한 것처럼 분명히 규칙적인 리듬을 가진다. "인간은 다음 단계가 어떤지 결코 알지 못합니다.

달 쟁반에서 타오르는 심장

알고 있는 것은 단지 그 안에 질서가 있다는 것입니다." 이 그림에 그려진 심장은 불 속에 있다. 그것은 십자로 그려졌고 그 중앙에 빈 원이 있다.

"이 순간을 마치 카타르시스와 같이 느낍니다. 심장은 불 속에서 정화됩니다." 심장 위에 놓여 있는 십자가는 작별의 엄청난 고통을 '띠로 감고' 그것이 끊어지지 않도록 잡고 있다.

"너희 나뭇잎에 축복 있으라,
너희 풀잎에 축복 있으라,
존재하는 모든 것에 축복 있으라.
너는 안에서부터 갈라져야 한다.

> 너희 사랑스런 천사들이여, 나의 곁에 있어다오,
> 육체와 영혼은 함께 있고
> 나의 심장은 깨어지지 않으리니."

다음 그림들도 이와 같은 옛 이별 노래와 비슷하게 표현된다.

앞서 그린 닻 상징에 나온 것처럼 보이는 이 쟁반은 열려 있는 형상이다. 딸의 말대로 이 기간 동안 안착을 주는 쟁반처럼 이웃이 되어 준 사람들은 의사와 친구들, 가족들, 친척들 그리고 남편이었다. 특히, 이들은 그녀의 어머니뿐만 아니라 그녀에게도 힘을 내도록 격려하였으며, 함께 어려움을 나누었고 접시처럼 열린 마음을 보여 주었다. 그녀는 이렇게 많은 사람들이 그녀와 어머니와 연결되어 있는 것을 쟁반과 십자의 수평적 형상으로 표현했다. 그녀는 다른 힘들을 통하여 수직에 연결되는 것을 알았다. 그것은 그녀의 기도와 기도를 통하여 어머니와 그녀에게 일어난 일을 파악하는 능력이었다. 그녀는 그것으로 어머니에게도, 그녀에게도 적합한 길을 발견하고 싶어 했다.

십자가 중심에 있는 빈 원은 B 여성에 의하면 죽음의 신비를 의미한다. 그녀는 어머니의 암이 의미하는 것을 계산하거나 원인을 찾기보다, 또한 병에 의미를 부여하려는 유혹을 거부하며, 어떤 것도 규정하지 않은 채 그대로 두었다. 이 여성은 그러한 것에 의미를 두지 않는다. 다시 말해 그녀는 병에 대해 완전히 의식적으로 의미 부여를 하지 않은 채 두었다. 그 당시 B 여성은 나와 함께 속 깊은 대화를 많이 나누었는데, 그것은 정신신체적 사고의 그림자에 반대되는, 즉 고통이나 병에 의미를 부여하고 발견하려는 것과 반대되는 대화였다. 우리는 병에 대한 잘못된 입장이나 편견, 적어도 잘못된 생활로 인하여 병을 갖게 되었다는 편견을 가지는 것은 위험할 수 있다는 대화를 나누었다. 모든 생활환경에 존재하는 암 유발요인에 대한 편견 없는 인식과 정확한 생활양식은 그러한 선입견을 막을 수 있다. 그렇게 함으로써 원하든 원하지 않든 병에 대해 스스로 죄과가 있다고 하는 사고방식과 병자에게 병의 책임을 지우는 것을 줄일 수 있다. 우리 사회에서 만연하는 이러한 사이비 정신신체 관점이 자연스럽게 병자와 임종자에게 오랫동안 내면화되어 그들은 매우 힘들어진다. 그들은 병이 든 것을 자기 책임으로 돌리거나 벌을 받는다고 느낀다. "나는 무엇을 잘못 했는가? 나는 어떤 죄를 지었는가?" 많은 암환자들이 자신에 대해서 이렇게 말하는 것을 듣는다. 병과 죄는 서로 불편한 연결고리를 지니고 있다는 생각이 종교, 히브리 성경 곧 구약성경에도 많이 깔려 있다는 것을 발견할 수 있다. 예수 그리스도도 이것을 분명히 방어했지만, 간접적으로 다시 들어와서 이따금 병든 당사자가 원하지 않아도 다음과 같이 말해 주는 경우가 있다. "손해를 보았다고 부끄러워할 것 없다."

그러나 정신신체 관점이 우리로 하여금 전진적 질문을 하게 한다면 그것은 의미 있는 일이다. 즉, 어떤 영적-정신적 인식과 어떠한 행동이 병을 치유하는 데 긍정적인 영향을 끼칠 수 있으며, 환자나 이 사례의 딸과 같은 동행자가 어떻게 노력을 할 수 있는지에 대한 물음을 제시한다면 그것은 의미 있는 것이다.

그러나 병이 이미 임종과정을 넘어서고 있을 때는 딸을 위해 솔직함이 중요할 수 있다. "어머니가 지금 관계하는 것, 즉 어머니가 말하고 묻고 정리하려는 것에 대해 마음을 열어두는 것입니다."

달 편주

그 다음 날 B 여성은 자발적으로 화지에 한 개의 원을 그린다. 그녀는 그날 자신의 기분을 나타내는, 즉 진지한 기분이며 사순절 분위기에 맞는 검정과 보라색을 집는다. 그러나 긴장과 변화의 색인 보라색으로 변형의 움직임을 칠한다.

한 달 후에 그녀의 어머니는 다음과 같이 말한다. "불완전한 것이 완성되었다. 원은 완전해졌다." 이 말은 어머니의 시아버지가 돌아가실 때 어머니에게 했던 말이기도 하다. 어머니는 이제 그 말을 딸과 함께 나누며, 이제 자신의 삶이 마지막에 가까이 왔다는 것을 이해시키려 한다. 딸은 바로 이 시기에 자신도 완전한 원을 그렸다는 것에 놀랐다. 그녀는 원 아래에 다시 쟁반이나 반달처럼 보이는 형상을 그렸다. 원은 그 위에서 흔들거린다. 이것은 앞의 그림에서 불이 심장을 안고 있는 것과 같은, 그보다 앞선 그림에서 정착의 표시를 지지하는 기반이 되는 닻과 같은 형상이다. 또한 여기에서 달은—그림을 그린 여성이 네 번째 그림을 「달 편주」라고 했다면—이미 보름달(혹은 빈 달인가?)이 되어 그 위에서 흔들거린다.

원은 채움과 비움을 동시에 의미하는 선(禪)의 명상적 원을 상기시킨다. 선에서 말하는 원은 이 여성에게 많은 의미를 부여한다. 달이 있는 편주에서 그녀는 이집트 그림을 생각할 수 있다. 물론 그 그림에는 태양 편주가 있다. 이는 임종자를 태양차에 태우고 밤새도록 지하세계, 즉 죽음의 세계를 통과하여 매일 아침 일출에 다

달 편주

시 일어나는 것으로 완성되는 태양 편주다. 빈 원이 있는 이 그림은 오늘까지도 수수께끼로 남아 있다고 B 여성은 말한다. 그녀가 이 그림을 그릴 시기에는 어머니가 어떻게 될지 전혀 몰랐다. 또 그러한 미결이 되기 위해서 빈 원이 있던 것이다. 십자가가 있는 편주 상징은 나중에—어머니의 소원에 걸맞게—부고장에 십자 표시 대신으로 사용되었으며, 또한—딸의 깊은 의도!—어머니의 수수한 비석에도 새겨졌다.

나비 상징에 나타난 슬픔-죽음-건너감

이 그림은 어머니가 돌아가시기 3주 전에 그린 것이다. B 여성은 그림을 그리기 시작했을 때, 매우 괴롭고 불안을 느꼈으며 어떤 출구도 발견할 수 없었다. 어머니의 죽음이 점점 더 가까워지면서 이러한 감정은 저항할 수 없을 정도로 가까이 다가왔다.

그녀는 어떻게 행동해야 할지 몰랐다. 현실적으로도 그때부터 어머니를 집이 아닌 다른 곳에서 간호해야 할지, 결국 요양원으로 옮겨야 할지, 고통을 줄이는 약과 치료받는 것을 늦추지 않기 위해서 그렇게 해야 할지 정말 몰랐다. 그녀는 연결되어 있지만 지주로 분리된, 두 개의 반원과 같은 울타리가 높이 쳐진 공간을 그린다. 이 두 공간에는 실제로 문이 있어야 했다. "나는 모든 방향으로 출구를 찾았지만 모두 막혀 있었습니다." 그녀는 그림에서도 문이 있어야 되는 곳들을 격자로 닫았다.

이 그림은 남편과 오빠와 함께 향후 어머니의 간호에 대해 심사숙고하는 기간에 그려졌다. 그녀는 그때를 생생하게 기억한다. 「나비 상징에 나타난 슬픔-죽음-건너감」 그림이 이 시기에 만들어졌는데, 당시 나는 오빠와 남편과 함께 어머니를 어떻게 할지 깊이 생각하고 있었습니다."

딸은 계속해서 이야기를 한다. "어머니는 오빠네 집에서 살았습니다. 오빠와 올케가 어머니를 보살폈으며, 올케는 얼마 전부터 어머니를 위해 음식을 하였습니다. 어머니가 병이 들었을 때 올케는 갈등이 잦았던 고부관계를 회복하려고 노력하였습니다. 그들의 사이가 훨씬 가까워졌고 서로 많이 이해하게 되었습니다. 그러나 갈

나비 상징에 나타난 슬픔-죽음-건너감

등의 근본적인 불씨는 여전히 극복되지 못했습니다. 어머니는 집에서 자주 넘어지고 혼자서 일어설 수 없게 되었습니다. 누군가가 어머니를 발견하기 전까지 어머니는 몇 시간 동안 바닥에 쓰러져 있었습니다. 이러한 상태는 우리를 아주 불안하게 하였습니다. 만족할 만한 해결책이 나와야 했습니다. 그래서 나는 집에서 어머니를 간호하기 힘든 상황에 대해 가족들과 이야기를 나누었습니다. 그에 대한 해결책으로 어머니를 요양원으로 모시려 했고, 그로 인해 나는 커다란 내적 어려움과 갈등을 겪었습니다. 그것은 그림에서 표현된 것과 같이 나타나기 시작했습니다."

B 여성은 감정이 아주 격한 상태로 이야기를 해 나갔다. "오빠

는 어느 날 저녁 용기를 내어 어머니에게 요양원에서 요양할 수 있는 것에 대해 이야기를 하였습니다. 어머니는 모든 이야기를 조용히 들으시고 그날 바로 동의하였습니다. 어머니는 오빠와 내가 더 이상 불안해하는 것을 원하지 않았습니다. 나는 저녁에 오빠의 상태를 물어 보았습니다. 오빠는 어머니를 요양원에 모시고 간다는 생각에 마음이 매우 아프며 회의가 든다고 말했습니다. 다음 날 어머니는 나를 불러서 말씀하셨습니다. '얘야, 나는 밤에 요양원에 대해 모든 장점과 단점을 다 잘 생각해 보았단다. 솔직하게 말한다면, 마음이 오락가락했단다. 그러다가 잠이 들었지. 잠에서 깨었을 때 어떤 존재가 나의 손을 잡고 우리는 함께 이 길을 갈 터이니 믿음을 가져라라고 말했단다.' 그런 후에 어머니는 나에게 다시 말씀하셨습니다. '얘야, 나는 요양원에 가기로 결심했다. 그것은 나의 운명이다. 이미 이전에 그렇게 했어야 했다. 나는 이 길을 간다. 그리고 너는 너의 삶을 살아야 한다. 믿어라.' 나는 그 당시에 어머니의 큰 마음에 마음속 깊이 놀랐습니다. 나는 그것을 뒷날 남아 있을 수 없는 어머니가 나에게 하신 유언이라고 이해하였습니다."

이 그림은 어떻게 해야 할지 모르는 딸의 절망적 노력을 표현한 것이다. 그녀는 어머니의 임종 때 어머니를 집으로 모시고 올 수 없다는 것인가? 그녀와 직업적으로 강하게 매여 있는 남편에게 이러한 질문은 고통스러웠다. 우리 혼자서 그것을 해낼 수 있을까? 우리는 어머니를 위해 집에서 봉사 수녀님의 도움을 받는 또는 응급담당 의사의 도움을 받는 길을 찾을 수 없는가?

그때 그녀는 어머니를 집에서 간호할 수 있는 것에 대해 모든 사람들과 대화를 나누었다. "그림의 왼쪽이 나의 편입니다." B 여성은 나에게 설명한다. "그곳에는 울고 있는 눈이 있습니다—눈에 두 개의 눈물이 그려졌다. 나는 닷새 밤 동안 내내 울었습니다." 그녀의 눈은 그 당시에 '오직 울기만 하였다.' 그 안에는 엄청나게 큰 물음표만 있었다. 무엇을 할 수 있는가? 나는 항상 자율적으로 있으려고 하는 어머니를 요양원에 보내야 하는가? 그림에 울타리가 쳐진 것으로 보이는 것은 갈 수 없는 선로구조였다. 그녀는 그것에 특히 집중해야 했는데—철로 위로 걸어갈 때처럼—결국 그것은 바로 갈 수 없다는 것이다. 이러한 갈 수 없는 길이 있는 곳에 대한 새로운 탐색을 통해서 하나의 형상이 이루어졌는데, 놀랍게도 이 형상은 그림을 완성하고 난 후에야 인식된 것이다. 한 마리의 나비 형상, 왼쪽과 오른쪽의 두 공간, 그녀 자신의 '눈물 공간'과 어머니의 공간을 한 마리의 나비가 두 날개로 연결하였다.

그녀는 그림을 그리기 시작할 때부터 물체의 오른쪽, 오른쪽 날개를 어머니라고 여겼다. 그림을 그리는 동안에는 어머니가 그 시간에 '이미 완전히 다른 곳에 계신다.'는 것을 의식하지도 예견하지도 않았다. 그녀는 눈동자가 있는 어머니의 얼굴을 '죽음이 벌써 그 얼굴에 보이는 것'처럼 그렸다. 그리고 그녀 자신의 영역인 왼쪽 날개와는 반대로 어머니 영역을 더 밝고 부드러운 색으로 칠하였다. 짙은 색으로 윤곽을 칠한 어머니의 얼굴 주변으로는 밝은 하늘색이 칠해졌고, 또 그 주변의 일부분에 연한 보라색—변화의 색—이 첨가되었다. 보라색 옆에 다시 부분적으로 빛을 내는 노란색을 칠하고 노랑과 보라가 겹쳐 어우러지게 칠하였다. 딸이 선택한 밝고 연한 색은 그녀가 이미 어머니를 놓아 주었다는 것을 표현한다. 그녀 스스로도 어머니와 헤어지기 시작했다는 것을 알고 있다. 그러나 그것은 단지 한쪽에서만, 즉 그림을 그리는 입장에서만 그러하였다. 이러한 느낌은 그녀가 그림을 그리던 중에 떠올랐다.

왜냐하면 그림의 중앙은 아직도 둘로 나뉘어져 있는데, 말뚝 같은 것으로 분리되어 있으며 그것이 심장을 두 쪽 나도록 힘껏 찌르고 있다. 긴장감이 감도는 빨강-보라의 뾰족한 말뚝은 엄청나게 상처를 내는, 남은 가족들을 애통하게 갈라놓은 말뚝이다. 그러나 이 말뚝은 십자가의 특성도 가지고 있다. 들보의 십자 영역에 열려 있는 텅 빈 원이 있는데 이는 앞의 그림에서도 볼 수 있다. 그림을 함께 보면서 B 여성은 갑자기 그것이 '수직 이착륙 비행기' 로 보인다고 하였다.

다시 그림을 보자 B 여성은 완전한 나비의 형상을 보게 된다. 창의적 긴장과 변화의 색인 보라는—여기서는 보라의 빨간 부분이 긴장감을 더욱 강조한다—그림에서 주도적인 색인데, 왼쪽 방향으로 그 색의 무게가 더 실렸다. 유충과 같은 못생긴 형상은 그림의 볼품 없는 중앙 부분, 무거운 몸체에서 아직 나비가 되기 전이라는 것을 강하게 느낄 수 있다. 이 몸체는 '나비 날개' 를 통하여 고통스런 지상세계의 위로 중력을 감당하고 날아 올라갈 수 있다.

십자 형태의 중앙에 있는 빈 원에 대해 B 여성은 다음과 같이 말한다. "그것은 마지막 결과와 나의 무지를 묘사하는 것으로, 내가 뚫고 들어갈 수 없는 신비입니다." 그녀는 모든 것에 있어 미지인 죽음에 대한 무지를 말한다.

그에 반해 빨강은 '우리 둘을 묶었던 것' 이라고 B 여성은 어머니의 모습을 보며 말한다. 그리고 어머니에 대한 사랑이 얼마나 깊은지에 대해서, 또 삶의 마지막을 함께 보냈던 어머니와 어머니를 위해서 발견했던 새로운 길에 대한 모든 것을 말한다.

처음에는 아주 다르게 놓였고 출구를 알 수 없어 갇힌 것으로 보였던 그림에서, 계획되지 않았던 그러나 갑작스럽게 그녀에게 나타나 인식된 나비 상징은 무엇보다 B 여성 자신을 놀라게 하고 화해하게 하였다. 이 상징은 진실된 상징으로 전에는 서로 결합할 수 없었던 두 개의 대립, 즉 이별의 고통과 어머니의 자유로운 자아를 초월한 상태의 대립을 함께 연결함으로써 진짜 상징이 된 것이다. 나비 상징의 그림에서 그녀는 어머니가 변화되도록 두길 원했고, 그녀 자신도 이별의 고통에 머무를 수 있었다. 그녀는 이러한 변화의 그림을 '나비 상징으로 건너감' 이라고 말한다.

나비는 아주 오래전부터 변화의 상징으로, 삶과 죽음의 경계에 자주 나타난다. 그것은 볼품없이 단지 기어다닐 수만 있는 무거운 못난 유충에서, 날 수 있고 가볍게 날갯짓을 하며 아주 다채로운 색을 가진 아름다운 나비로 변화하는 단계를 보여 주기 때문이다. 이 형상의 완전한 변형은 오래전부터 종교사와 문화사의 다양한 곳에서, 임종하는 인간이 죽음을 통하여 영적 존재로 보이기를 믿고 희망하였던 변화의 의미를 지닌다. 이는 나비가 날개로 지상을 넘는 일종의 천사처럼 그려진다.

여류 시인 Nelly Sachs[54]는 "너의 티끌에는 얼마나 아름다운 저 세상이 그려지는가." 하고 나비의 날개에 대해 쓰고 있다. 나비의 날개는 인간의 정신에 원형적으로 들어갈 수 있는 부활의 상징이기도 하다. 그림의 상징뿐만 아니라, 실제 어머니의 생명이 완성되는 때에도 자유로운 해결책이 되었다. 그에 대해 딸은 아주 감격하여 다음과 같이 전한다. "일기장에서 다음과 같은 것을 읽었습니다. 깊은 감사의 마음이 나를 채운다. 엄마가 나에게 어떤 요구도 하지 않았다는 것을 알게 된다. 엄마가 나를 마음속 깊이 아주 아주 사랑한다는 것을 알고 있다."

그리고 모든 것이 너무 빨리 지나갔다. "어머니는 자신이 사랑했던 집을 아무런 불평 없이 단호히 이별하였습니다. 어머니는 집에서 걸어다니실 때 사용하시던 것에 의지하여 천천히 걸어갔습니다. 그리고는 집 안 여기저기에 있는 것들을 제자리에 넣어두고 정리하셨습니다."

B 여성은 어머니가 이제까지 계셨던 집에서 어머니와 보낸 마지막 저녁시간을 기억한다. "나와 어머니가 가장 좋아했던 거실에서 마지막 날을 보냈습니다. 다음 날 오빠는 어머니를 부축하여 계단을 내려가 집 밖에 나가서 차를 탔습니다. 그때가 그해 10월 4일이었습니다."

그때부터 어머니의 병세가 악화되었다. B 여성은 수많은 낮과 밤을 어머니 곁에서 있었다. 어머니는 힘이 없으면서도 매일 딸에게 애정에 가득 찬 말을 하였다. "너는 이 세상에서 내가 가진 가장 값진 존재란다. 사랑한다, 얘야. 고맙다." 때로 그녀는 자신을 감동시킨 "너는 나의 천사란다."라는 말을 기억하였다.

이 기간 동안 어머니는 딸에게 꿈 이야기를 했는데, 그것은 어머니가 자신의 집에서 이사하기 14일 전에 꾼 꿈이라고 하였다. "나의 어머니가 대지와 연결된 구름 위에서 나타났단다. 아주 아름다운 빛이 그녀를 감싸고 있었지. 그녀는 팔을 벌린 채 반짝이는 눈빛으로 나에게 말했다. 너는 너다."

어머니는 그 전까지는 꿈을 그렇게 중요하게 여기지 않았는데—

꿈들은 한갓 공허하다—이 꿈에 대해서는 이야기를 하였다. 그 꿈은 이미 오래전에 죽은 자신의 어머니에 관한 꿈이었다. "그곳에서 나의 어머니가 나를 들어올렸는데, 내 생애 처음으로 어머니에게 안겼단다." 이것은 놀라운 것이었지만 아주 드문 경험은 아니다. 우리 인간이 임종 때 돌아가신 자신의 어머니나 아버지에게 사랑스럽게 불려가는 그런 경험이다. 이는 많은 임종자들의 경험으로서 그들은 꿈에서, 자발적인 상상이나 환각에서 그런 경험을 한다. 영적 경험에서 보면 그것은 말로 표현할 수 없는 실제적 위로가 된다.

이러한 꿈으로 B 여성의 어머니는 매우 만족해했으며, 그녀의 딸에게 그것을 털어놓았다. "얘야, 나의 어머니는 언제나 나에게 엄격했으며 무정했단다. 이제 나는 어머니의 품에 안겼다."

임종하시는 어머니 침대 곁에 있던 마지막 날은 그녀에게 무척이나 긴 하루였다. 어머니는 분명히 그녀의 아들인 B 여성의 오빠가 돌아오기를 기다렸다. 어머니는 아들 집에서 오랫동안 함께 살았으며, 이 아들은 그때 휴가 중이었다. 어머니는 아들이 돌아왔을 때 돌아가시기로 작정하였다. 또 그녀가 딸에게 확실하게 하기 전까지는 돌아가시지 않기로 하였는데, 즉 딸이 어머니에 대해서 알아야 할 모든 것을 알고 있는지 없는지를 확인하기 전까지는 돌아가시지 않겠다는 것이다. "너는 모든 것을 알고 있니?" B 여성이 그녀는 모든 중요한 것을 알고 있으며, 어머니가 지금 떠날 수 있다는 것을 확인시킨 후에야, 즉 며칠 동안 설득시킨 후에야 돌아가셨다.

B 여성의 한 친구가 라이헤나우의 성 게오르크 성당에 있는 천사의 사진을 요양원에 보냈다. 그녀는 편지에 천사의 강한 손을 가

리켰는데, 천사는 죽음에 가까운 사람을 자기 곁으로 끌어당기고 있다고 썼다. "어떤 요양원도, 어떤 인간도 천사가 없이는 존재하지 않는다."

어머니의 침대 탁자 위에 걸려 있는 천사 사진은 점점 더 큰 의미를 가지게 되었으며, 어머니와 딸의 대화에서 수줍어하며, 부끄러운 동행자로서의 의미를 가졌다. 그런 후 어머니는 밤마다 천사와 만났다. 그녀는 천사를 소리 높여 불렀으며, 그것을 딸에게 이야기하였다. 천사에게 손이 수줍게 닿았지만 거리는 아직도 멀었다. 그녀는 딸에게 이러한 만남을 이야기하면서 눈물을 흘렸다. 딸에게 이 천사의 사진은 어머니의 죽음을 넘어 더 많은 영향을 끼쳤다.

천사-성배-빛의 호-관 위의 비둘기: 평화가 너와 함께 있기를

어머니가 돌아가시고 2개월 후에 B 여성은 그림을 한 장 그렸다. 그녀는 이 그림에 대해 다음과 같은 메모를 해 두었다. "천사-성배- 빛의 호-관 위의 비둘기: 평화가 너와 함께 있기를."

어머니가 심한 고통을 겪고 돌아가셨을 때, 마지막에는 거의 더 이상 눈으로 볼 수 없었던 고통이 끝났으며, 딸은 어머니가 과도기를 넘었다는 안도감마저 들었다. 그러나 큰 슬픔이 밀물처럼 밀려와 새로운 그림을 그리게 되었는데, 그녀는 표현하고 싶은 절대적 필요에 의해서 자신의 슬픔을 그렸다. 그녀는 이 시기에 어머니의 여정이 평화롭기를 바라는 기도를 하였으며, 어머니에 대하여 전보다 더한 다른 새로운 슬픔을 느꼈다. 그녀가 더 이상 어머니의 감정들을 돌볼 필요가 없게 된 후에, 그녀의 마음과 감정이 말하는

천사-성배-빛의 호-관 위의 비둘기: 평화가 너와 함께 있기를

것을 더 강하게 느낀 것이다. 어머니가 10월에 돌아가시고 난 후 성탄 시기에, 그녀에게는 어머니를 잃었다는 느낌이 다시 한 번 강하게 들었다.

그녀는 다시 물감과 붓을 들어 어머니가 이 색 속에 누워 있는 것처럼 따뜻한 오렌지색 '덮개'에 상징적으로 어머니를 눕혔다.

따뜻한 나무 톤에, 다시 더 어두운 땅의 갈색 톤으로 된 '관'에 어머니를 눕혔다. 그녀가 표현한 대로 그 아래로는 '생명의 힘'과 '사랑의 힘'으로 이해하고 이해되는 대지의 힘인 붉은 갈색 강이 '흐른다.' 어두운 갈색 또는 검은 갈색은 그 아래 어머니 대지, 가장 강한 애도의 영역이다. 그러나 슬픔은 B 여성이 마지막으로 말한 것과 같이 '그림의 근원'이다.

금색-오렌지색 덮개에 눕혀 있는 어머니 위로 성배가 솟아 있는데, 이것을 계속하여 그리자 천사로 변화되었다. 성배는 B 여성에게 '용서와 평화의 상징'이며 '어머니가 평화를 얻었다.'는 표시다. 그러나 그림을 그린 딸도 평화를 찾고 발견하였다. 그림을 그리면서 성배 주변으로 한 개의 형상이 나타났는데, 이것이 어머니를 위한 평화의 천사다.

또한 그녀 스스로도 이 그림에서 평화의 천사를 그릴 때 더 많은 영양분을 받았고 더 강해졌다고 느낀다. 그녀는 그림을 그린 후에 어머니에 대해서, "나에게 어머니가 잘 묻혔습니다."라고 말했다. 어머니는 그림에서처럼 그녀 안에 잘 묻혔고 점차 '내면의 어머니'가 되었다. 어머니는 빛나는 평화의 무지개에 싸여 있는데, 성배의 금색이 다시 한 번 사용되었다. 관, 천사와 화해의 무지개 위로 평화의 비둘기가 날고 있다—노아의 홍수가 지난 후의 희망의 표시인 평화의 비둘기가.

이 그림에는 기법들이 섞여 있다. 특히, 그림 상단을 하늘빛의 물색으로 그리고 무지개와 성배를 밝은 노랑, 덮개를 주황-노랑으로 그린 반면, 어머니가 '묻힌' 땅은 백악, 땅의 거친 물질로 변한 백악으로 그려져 있다. 어머니의 고요한 주검 자체는 하늘의 변화된 파랑을 받아들였다. "나는 어머니를 위하여 평화를 기도했으며, 천사는 평화를 가지고 옵니다." 어머니에 대한 이 그림에서 B 여성은 이렇게 끝을 맺었다.

다음 해 1월, B 여성은 이미 잘 알고 있던 휴가지 섬으로 날아간다. 그녀는 "나는 인생의 밀물과 썰물의 고통을 털어놓기 위하여 떠납니다. 또한 어머니를 결국 요양원에 보냈던 단계의 나와 화해하기 위하여 떠납니다. 어머니의 병이 내달리듯 진행된 것이 나를 공격하고 추월하였지요."라고 설명하였다.

따뜻한 흐름

그해 5월에 마침내 그녀를 구원하는 일곱 번째 그림이 완성되었다. 그녀는 그것을 「따뜻한 흐름」이라고 하였다. 그녀는 분명히 그것을 '따뜻한 흐름'으로 이해하였으며, 앞서 그린 그림에서 이미 인식되고 그려진 것을 이제 땅의 윗부분에 의식화하였다.

바다의 파도처럼 바다 위로 노랑-빨강 파도가 흔들거리며 움직이고 있다. 위치에 따라 노랑이 더 흔들거리다가, 어떤 때는 빨강의 흔들림이 더 강조되어 따뜻한 색의 파도가 치고 있다. 이것은 이미 B 여성의 초기 그림들에서 보여 준 따뜻한 물결이다.

이것은 B 여성이 지난 번 그림에서 돌아가신 어머니를 안장한 따뜻한 주황색의 덮개와 같다. 이제 그것은 물결로 바뀌어 바다 위에 넓은 파도를 만들며, 딸의 감정의 바다 위를 넓고도 깊게 퍼져나간다. 그림 위에 있는 하늘은 따뜻한 빨강과 교신하듯 움직이며 화답하는데, 그림을 그린 이 여성의 감정 물결은 안팎으로 흘러간다.

따뜻한 흐름

"왜 흘러가는 물인가?" 하고 그녀는 그림에 대해 이야기하면서 다시 한 번 자문을 한다. 그녀가 휴가에서 매번 새롭게 경험하는 바다는 빛의 무지개처럼 이 그림에서 지층을 이루며 '흘러' 갔다. 섬에서 경험한 바다는 그녀 안에 있는 어떤 것을 풀어놓았다. "부드럽게 펴져 나간다."라고 그녀는 그림을 보면서 말한다. 이는 어머니에 대한 부드러움을 말하는 것으로, 어머니는 강하고 활동적인 여성이었으며 항상 그와 같이 부드럽지는 않았다. 그러나 이제는 어머니를 위한 부드러움이 딸 속에서 펴져 나간다. 그 자체가 위대한 어머니의 상징인 바다 위로 어머니의 부드러움도 새로운 흐름처럼 펴져 있다. 그녀의 어머니는 요양원에서 다음과 같이 말했다. "나는 사랑 속에서 눈을 감게 된다. 누가 그것을 생각이라도

했겠는가!" 어머니가 자신을 간호한 사람, 특히 딸에게 이런 말을 한 것을 기억해 보면, 그때 어머니는 정말 내적 평화를 얻은 것 같다. 어머니가 임종할 마지막 시간에 딸이 왔을 때, 어머니가 "나의 천사가 온다."라고 자주 말하지 않았더라면 그것을 인식하지 못하였을 것이다. 딸은 어머니가 평생 동안 따뜻한 애정을 갈구하였다는 것을 그제야 강하게 인식하였으며, 그 당시 어머니를 받아들였던 것을 자주 흐뭇하게 느꼈다. 죽음을 향하여 가는 어머니와 간호하는 딸 사이의 이러한 애정이 임종의 길에서 하나가 되었다. 이것은 딸이 어머니의 임종 전과 후에 그녀의 강한 내적 욕구에 의해서 그린 그림들에서 증명할 수 있다.

요 약

B 여성의 그림과정에서는 무엇보다 내적으로 새로운 차원에서 어머니와의 이별을 받아들이는 상징들이 나타났다. 특히, 「나비 상징에 나타난 슬픔-죽음-건너감」 그림은 다른 경우에는 조정하기 어려운, 서로 대립되는 것이 통일되어 가는 것을 경험하게 한다. B 여성은 심한 무력감에서 임종을 앞둔 어머니를 어떻게 계속 간호하며 임종의 길에 어떻게 지속적으로 동행할 수 있는가 하는 것, 즉 요양원으로 가는가 그렇지 않은가 하는 것 사이의 갈등을 그렸다. 그러나 한 개의 울타리 안에 두 개로 갈라진 공간, 즉 그녀의 어머니와 그녀가 개인적이면서도 공동의 울타리를 치고 있는 이 그림은 그리는 과정 동안 어머니의 이야기를 통하여 각자의 고유

한 틀이 희미해졌다. 그리고 마침내 B 여성은 이것이 두 날개를 가진 나비로 변화되었다는 것을 알게 되었다. 출구를 찾을 수 없었던 그림은—그녀 자신도 아주 놀랐는데—이렇게 부활의 상징으로 변화되었다.

Elisabeth Kübler Ross[55)]는 임종의 자리를 동행하면서 이러한 그림과정, 특히 어머니와 딸 사이의 이별을 반영하는 과정에서 딸이 어머니를 '보살피는 것', 즉 어머니의 임종과정을 곁에서 동행하는 것이 애도과정의 특징적 과정이라는 것을 스스로 발견하였다. 딸은 어머니의 임종과정 전체를 내적으로 따랐으며 어머니에 대한 자신의 이별과정의 단계까지도 그러하였다.

B 여성의 그림들은 어머니와 점차적으로 이별하는 자신의 길을 그린 것이다. 또한 어머니를 여의고 어머니가 돌아가신 후에 그녀를 '내적 어머니'로 재발견할 수 있기 위한 그림이다. 이러한 점이 B 여성의 마지막 두 그림에서 보인다. 여기서는 B 여성의 그림 중에 몇 점만 선택하여 그녀의 애도작업 과정의 작은 부분만—'찾고 발견하고 다시 헤어지는 단계'의 일부분—보여 줄 수 있다. 그러나 그럼에도 불구하고 이 그림들을 통하여 위로받고 경험을 강화하며 많은 고통의 상황을 "바로 직면하였고", 혼돈 속에 휘말리지 않는 변화되는 단계를 보여 주었다.

남편과 사별한 여성

Ingrid Riedel

K 여성의 그림 시리즈

사랑하던 남편이 암으로 고통스런 투병생활을 하다가 세상을 떠나면 남아 있는 배우자는 깊은 충격을 받게 된다. 이에 따라 후유증을 겪으며, 사별을 극복하는 데 수년이 걸린다.

이러한 경우 Verena Kast[56]가 말한 '관계의 자기'는 수년 동안 두 사람이 쌓아 놓은, 시간을 초월한 부부관계에서 살아 남아 있는 배우자 자신에게 다시 초점을 맞추는 것이다. 여기에서는 살아 있는 부인이 자신의 삶을 다시 설계하는 것이다.

이러한 상황은 이제까지 두 사람이 함께 살아온 삶, 관계의 자기로 이루어진 삶이 찢어진 양탄자처럼 아직 반생이나 더 남은 미망인 앞에 있을 때 더 자주 일어난다. 어디를 보아도 찢어진 관계들이 널려 있는데, 이런 관계들은 서로에게 아주 밀접하게 연결되어 있었던 것이다. 온전했던 결혼생활에서 살아남아 있는 배우자가 아직 사별을 완전히 극복하지 못하면, 그 배우자는 풀어진 실타래들을 한 올 한 올 다시 꿰매야 한다. 그래야만 살아남아 있는 그녀가 삶을 지탱할 수 있다. 이러한 상황에서 살아남은 배우자가 자신의 삶을 다시 설계하는 데는 그림을 통한 자기 형상화, 고유한 자기 재창조가 귀중한 도움이 될 수 있다.

다음으로 몇 장의 그림들을 소개하고자 한다. K 여성이 그린 많은 그림들 중에 선택된 그림들은 특히 주제가 변화됨으로써—호수, 둥근 형태가 다시 반복되는—눈에 띄는 것들이다. 여기에서는 수년에 걸친 상실을 어떻게 극복해 나가며, 과부가 된 여성의 자기 재발견이 어떻게 이루어지는가를 보여 준다.

K 여성이 처음 그린 호수는—남편의 생명이 위험하다는 진단을 받고 난 후 그녀가 그린 그림—자연에 있는 어두운 호수다. 이 호수 주제는 남편의 시한부 인생에 대한 불안으로 그녀는 자주 반복적으로 변화를 주어 호수를 그렸다.

마지막 그림의 '호수'는 반대로 그림에서 여러 번 변화를 거친 후에 '내면의 호수'가 되었다. 즉, 자기를 재발견한 상징으로 둥근 전체와 같은 원 형태며 다시 개인적인 것이 된다. 그녀는 더 이상 첫 번째 그림처럼 밖에서 이 둥근 형태 주변을 방황하는 것이 아니고, 다른 그림처럼 집들과 교회에 둘러싸여 있는 것도 아니며, 꽃과 나무를 더 이상 그 주변에 심는 것이 아니라 내면에서부터 유기적 삶을 채운다.

그녀 안에 있는 내면이 다시 활발하게 되었다. 결혼생활을 통한

'관계의 자기'가 남편이 세상을 떠나면서 깨져버린 후에 심각한 정체성 위기를 겪은 그녀는, 그림과 새로운 자기상징 형상을 통한 이러한 자기탐색과 자기확신의 길을 이 그림 시리즈에 분명하게 반영한다. 또한 이 그림들은 자발적으로 그려진 것들로, 남편의 임종과정 동안 내가 그녀에게 임종을 동행하는 단계로서 시도했던 치료와는 별도로 그려진 그림들이다.

이미 그 당시 불치병에 걸린 남편이 아주 인상적인 그림들을 그릴 동안, 그녀도 아주 강렬한 표현주의적 그림들을 그렸다. 그중에 몇 점은 나의 저서 『미술치료』[57](학지사, 2000)에서 그녀 남편의 그림들을 소개할 때 삽입되었다. 거기서 분명하게 알 수 있는 것은, 이미 남편의 그림에서 자신의 죽음이 몇 달 안 남았다는 것을 보여주듯이, 그녀의 그림에서도 그것을 읽을 수 있다. 이것은 우리가 B 여성의 그림에서도 어머니의 생명이 끝나가고 있다는 것을 의식할 수 있는 것을 관찰했던 것과 같은 상황이다. 슬픔은 그림 형상을 통하여 의식화될 수 있으며, 단계적으로 극복함으로써 생활도 변화하게 된다.

남편이 피부암을 선고받고 투병생활을 하고 있을 당시 K 여성은 40대로서 세 명의 자녀가 있었다. 그녀는 남편이 투병하던 마지막 몇 달 동안 헌신적으로 동행하였으며, 이 시기가 그녀로서는 너무나 고통스러웠다. 그것은 그녀가 그린 초기의 그림들에서 밝혀진다. 그녀는 그전까지만 해도 전혀 그림을 그리지 않았다. 반면, 남편은 상업 활동을 하는 외에 여가시간에는 그림그리기를 좋아했으며 그 방면에 재능을 보였다. 특히, 그는 풍경화 그리는 것을 좋아하였다.

그러나 이제—남편에 대한 불안이 자신을 짓누르는 상황에서—그녀도 그림을 그리기 시작하였으며, 그것도 자발적으로 대담하게 그렸다. 그림을 통하여 그녀가 즉시 느낄 수 있었던 것은 그림이 가슴을 죄는 불안의 모습을 보여 주며, 불안을 완화시켜 준다는 것이다. 그뿐 아니라 그림을 그릴 동안 상징도 발견하며, 자신을 위로하고 아무런 의미가 없어 보이는 고통에 의미를 부여한다는 것을 예감할 수 있다는 것이다. 그녀가 그린 초기 그림들은 사실 내가 자극을 주어서 그려진 것들이다. 그녀는 남편의 생명에 영향을 주는 흑색종이 재발된 것을 발견한 후에, 아주 심한 불안을 겪는 상황에 대해 상담을 하고, 그 기간을 동행해 줄 수 있는 어떤 것을 찾기 위하여 남편과 함께—그녀는 피부과의 간호보조사로 근무하였기 때문에 남편의 재발을 그녀가 먼저 알았다—나를 방문하였다.

나는 의사가 아니며 신체적 상황과 병의 진전을 막을 수 있는 사람이 아니기 때문에, 단지 이 부부에게 서로에 대한 사랑과 자식들에 대한 애정 외에도, 그들이 가진 자원인 '활기'를 불러일으키고 그들의 창의적 힘에 자극을 주려고 하였다. 나는 처음에 이 부부에게 생활의 질적인 면에서 그들이 즐겨 한 것을 물어 보았다. 남편은 그림을 그리는 것이라고 즉각적으로 대답하였다. 그렇게 하여 나에게 치료를 받기 위해 그는 그림을 그리기 시작하였다. 그는 감동적인 그림들을 그렸는데, 자신의 내적 상황을 나타내는 모든 단계를 그렸으며, 심지어 자신의 길을 가리키는 의미심장한 상징들도 보여 주었다. 게다가 그는 초기에 그렸던 아주 정확하고 통제적이며 거의 강박적으로 보이는 그림양식을 뛰어넘어 활력 있고 자유로운 그림양식으로 넘어갈 만큼 발전을 보였다. 그것은 그가 그림을 통하여 정서적으로도 자유로워졌다는 것을 의미한다. 그러나 이러한 모든 것이 우리 모두가 고통스럽게 경험하였던 병의 진행을 저지할 수는 없었다. 우리는 여기서 죽음을 앞둔 남성의 그림에서 그의 내적 성숙이 어떻게 진행되었는지를 보지 않을 수 없다. 그는 이러한 내적 성숙으로 자신의 병과 임종을 창의적으로 대면하고, 마지막에는 자신을 초월하는 차원을 발견하였다. 즉, 마지막으로 그는 끝없이 펼쳐진 바다 위의 황혼을 그리고, 몇 주 후에 세상을 떠났다.

이 시기에 바로 부인 K 여성이 자신의 감정과 내적 상황을 그림으로 나타내기 시작하면서 이 부부의 관계는 더 깊어졌다. 그녀는 붙잡을 수 없는 남편의 임종과정을 맞으면서 받은 초기의 혼란스러운 감정을 그림으로 그렸으며—그 당시 그녀도 내적으로 함께 죽었다—스스로 그린 것을 이해하려고 함으로써 다시 그 시간들을 견뎌 낼 수 있었다.

또한 K 여성은 스스로 그림을 그리기 시작한 후에 자신의 그림들을 보면서, 그녀가 이때까지—자주 부부관계에서 일어나는 것처럼—남편에게만 있다고 믿었던 그림 그리는 능력이 자신에게도 있다는 것을 받아들이게 되었다.

그로 인하여 그녀는 다가올 애도작업을—나는 이 시기에 그녀와 계속해서 동행하였다—확실하게 하는 것을 앞당겨 받아들였다. 바로 자신의 자아를 되찾는 것, 즉 서로 밀접하게 연결된 관계자기, 남편의 죽음에 의해서 깨진 둘의 관계에서 그녀의 자아를 찾는 것이다.

호수 주변의 길

나는 K 여성이 남편의 암이 재발되었다는 끔찍한 사실을 발견하고, 앞으로 어떻게 될지 모르는 상황에서 그린 초기 그림들 중의 한 작품을 좀 더 고찰하고자 한다.

그림은 놀라운 상황에 처해 모든 것이 뒤죽박죽된 것에 초점이 맞추어져 있다. 그녀는 불안한 나날이 이어지는 상황에서 그림에 그것을 더 집중하여 그릴 수 있었다. 그녀는 몇 년 동안의 간호보조사 경력으로 남편에게 이미 없어져 버린 흑색종 병의 재발이 의미하는 것을 남편보다 더 정확하게 알고 인정할 수 있었다.

그림의 중앙에 둥근 푸른 호수가 있고 그 아래에는 배수구가 있다. 호수는 위에서 내려다보는 방식으로 그려져, 마치 그녀가 그 위를 날아서 조망하는 것처럼 보인다. 그래서 호수는 자신을 들여다보고 고찰할 수 있는 펼쳐진 거울처럼 보인다. 그러나 거울이 군청색 색조임에도 불구하고 이 시기에는 불투명하고 아무 것도 보이지 않으며 비치지도 않는다.

이 불투명한 호수처럼 바로 이 시기 남편의 운명과 그녀 자신의 운명 또한 그들의 관계도 그렇게 불투명하다. 그녀는 자기 앞에 놓인 상황을 어떻게 받아들이고 앞으로 어떻게 나아가야 할지, 스스로 무엇을 할 수 있을지 알지 못했다. 또한 그녀가 두려워하는 모든 것들, 즉 남편과의 사별로 그녀에게 닥쳐오는 모든 것들을 어떻게 감당해야 할지 알지 못했다.

그녀 자신은 과연 누구며, 할머니가 아주 사랑스럽게 '깜찍한 것' 이라고 불렀던—이제 다시 그런 기억이 떠오른다—그녀는 누

호수 주변의 길

구며, 남편과는 별도로 남편이 없는 자신은 과연 누구인가? 그녀는 이 시기에 이런 생각에 잠기면서, 불안을 가라앉히기 위하여 항상 산간 호수 주변을 걸었다. 이런 상념에 젖어서 그녀는 호수 주변에 노란색 길을 그렸는데, 호수 또한 이 길을 감싸고 있어서 호수 주위의 길을 둥글게 하였다. 이렇게 함으로써 그녀는 그 당시 아직 그녀에게 불투명한 주위와 자기 주변을 돌게 되는 것이다.

우리는 확고한 믿음으로 높은 가치를 지닌 것의 주변을 돌면서—고대 문화에 성전 주변을 도는 것처럼—그에 대한 성숙한 관계를 얻으며 그것의 일부분을 획득하게 된다.

갈색과 노란색의 두 길이 집중된 원형의 호수 주변에 평행선을 이루며 나 있다. 갈색 길의 위 언저리, 산의 아래쪽에 나무들이 솟아 있으며, 간간이 보이는 가지들은 부분적으로 녹색과 흰색의 나뭇잎들에 덮여 있다—그것을 색으로 덧칠하였다. 호수의 아래쪽 언저리에 원근법 없이 그려진, 난간이 있는 넓은 갈색 다리가 시선을 끈다.

여기에—다리보다 폭이 더 넓은!—호수 입구가 있는데, 그곳에서 물이 흘러나오고, 그 위로 다리가 연결되어 있으며, 물이 조금 고여 있는 것 같기도 하다. 어쨌든 둥근 길은 중간에 단절되지 않고 연결되어 있다. 이 길이 만약 오른쪽 큰 나무 아래 있는 세 채의 집에서 시작된다면, 그곳에서 나와서 왼쪽, 즉 상징적으로 무의식에 해당하는, 이제까지 잘 몰랐던 그녀의 정신을 의미하는 곳인 바로 왼쪽 편 마을에 있는 여섯 채의—이 여섯은 의식화를 상징하는 오른쪽보다 두 배나 많은 수—집으로 나아간다. 여기에 성당은 다른 집들보다 더 침침하고 어두운 갈색 톤으로 육중함이 강조되어 있다. 어쨌든 이 성당 지붕에는 별이 하나 있고 노란색 창문이 있다. 지붕과 더불어 창문들은 똑같이 가라앉은 갈색 톤의 노란색으로, 여기에서는 노란 길보다 빛이 덜 나는 노란색이다.

K 여성은 성당을 생각하면, 이 그림에서는 그리지 않은 묘지가 연상되어 그곳을 지나가기를 꺼린다. 그녀는 성당을 생각하면 어둡고 고통스러운 생각이 떠오른다고 한다. 그 존재는 어쩌면 신이 될 수 있는데, 이 신은 그녀와 남편에게 당시에는 이해할 수 없고 절대로 인정할 수 없는 어둡고 위협적인 운명을 내려줄 수 있는 존재다.

또한 실제로도 산간 호수 주변의 길을 걸으면—그녀는 매년 가을 휴가 중에 며칠 동안 그 산간 호수에 머무른다—묘지가 있는 성당을 지나가는데, 그녀는 그때마다 으스스한 기분이 들었다.

K 여성은 호수를 끼고 있는 넓은 주변에 신선한 녹색—성장을 위한 희망의 색—을 칠하였지만, 다시 덧칠을 하여 지저분하고 흐릿하게 만들었다. 풍성함을 나타내는 나무들은 특이하게도 나무의 구조를 보이지 않는다.

그림의 위쪽 부분과 호수의 이쪽 반을 둘러싸고 있는 산들은 회색-베이지 톤으로 지평선과 하늘을 갈라놓는데, 이는 교회의 색을 더 묽게 한 것과 같은 색이다. 그 외에도 그곳에는 여러 군데 지저분하고 불투명한 흰색, 모든 것을 흐리게 하는 흰색, 너무 일찍 내려 녹아버린 눈과 같이 보이는 흰색이 덮여 있다. 이 색들은 모든 녹색들을 시들고 누렇게 변하게 한다. 이처럼 호수 윗부분의 산 가까이에 있는 나무에는 서리나 눈이 내렸다.

여기에서도 희미한 색상 때문에 빛이 나지 않는 귤색의 태양이 그림의 오른쪽 윗부분에 있다.

여름에 남편의 암이 재발된 것을 발견한 후, 그해 늦가을에 K 여성이 그린 이 그림은 여름에 생각지도 않은 서리가 내린 것처럼 어두워지고 희미해지고 흐릿해져서 사라지는 것같이 보인다.

이 그림은 원근법적으로도 고찰할 수 있다. 여기에는 집중된 중심이 있으며, 그 안에는 인간의 중심이 아직 무의식적이고 불투명하게 숨겨져 있다. 이 중심은 그림에서 의연하게 에워싸여 있다. 다리와 난간을 통하여 영적 실체가 흘러 내려가는 것을 막고 있다. 또한 여성적 싹을 숨기고 있는데, 그와 관련하여 호수가 상징적으로 있다. 그녀는 자기 자신을 되돌아보며 의식적으로 그곳으로 가서 주변을 선회하며 사색에 잠긴다. 그것은 심리적으로 말해서 파트너를 잃는다는 마음을 반영한 '근심스런 작업'으로 그려진 것이다. 이 과정에서 다른 한편으로는 원래의 의도와 달리 중요한 상징이 완전히 무의식적으로 그려진다. 즉, 다리의 오른 편에 있는 세 채의 집에서 교회가 있는 왼쪽 마을로 건너가는 갈색 길은 작은 배와 같으며, 둥근 호수는 이 배가 싣고 가는 원반으로 비유할 수 있지 않은가? 더불어 우리는 아주 커다란 원형적 상징을 생각할 수 있다. 즉, 원반 모양의 태양을 실은 작은 배는, 이집트인의 상상대로 매일 밤 황혼을 싣고 지하세계로 내려가서, 아침에 떠오르는 태양을 다시 비추기 위하여 밤새도록 항해하는 배처럼, 잘 알려진 부활의 상징으로도 볼 수 있다. 이 여성은 남편을 잃는다는 불안을 견디어 내기 위하여 무의식적으로 자연스럽게 이 상징을 그림에 그렸다.

호숫가의 성당

K 여성은 남편이 세상을 떠난 후 1년이 되는 시점, 다시 말해 첫 번째 그림을 그리고 1년 반이 지난 2월에 두 번째 그림 「호숫가의 성당」을 그렸다.

K 여성이 남편과 마지막까지 가까이 있기 위하여 병원에서 그를 퇴원시켜 집에서 임종을 맞게 한 후에도, 나는 자연스럽게 그녀를 위해 치료적 동행을 계속하였다.

감정이 격해지고 정체성 위기와 고독에 대한 불안을 느낀 애도 작업 기간 중에 새롭게 발견한 그림 활동은 그녀에게 많은 도움을 주었다. 그것은 폭발하는 감정들을 담을 수 있는 그릇이 되었다.

호숫가의 성당

또한 그녀는 그림을 통하여 그러한 상황들을 극복할 수 있었고, 자신의 삶에 중요한 것을 분리해 낼 수 있었다. 동시에 그 안에서 자신을 들여다보면서 남편과의 관계에서 본 자기, 즉 관계 정체성에서 자신을 재정리하며, 고유성을 지닌 개인적 존재로서 새로운 정체성을 다시 발견할 수 있었다. 그뿐 아니라 그림을 그리는 과정 동안 새로운 상징들과 의미 있는 그림이 만들어졌다. 이러한 것은 그녀에게 중요한 새로운 길을 단계적으로 제시하였다.

두 번째 그림을 첫 번째 그림과 비교해 보면, 이 그림은 이전 그림처럼 그렇게 집중화되지 않았으며 두 쪽으로 나뉘어 그려졌다는 것이 바로 눈에 띈다. 즉, 호수는 앞 그림과 비교하여 왼쪽으로 옮겨졌고, 성당은 왼쪽 구석 뒤편에서 오른쪽 앞, 곧 의식화 쪽으로 이동되었다. 성당의 탑은 중앙에 아주 정확하게 자리 잡고 있지만 그렇게 정확한 중심화로 보이지 않는다. 그것은 성당 전체가 기울어질 것 같은 땅에 서 있으며, 아주 깊어 보이는 호수로 향하고 있기 때문이다. 그럼에도 불구하고 성당은 그림의 중심에 있으며, 색과 형태의 크기와 무게만으로도 그렇게 보인다.

성당은 첫 번째 그림과 비교해 볼 때 엄청나게 커졌으며 매우 큰 출입구가 있다. 출입구는 선명하게 보이는데, 성당 건물이 평면적으로 혹은 다각도로 그려졌기 때문이다. 그래서 성당의 측랑과 앞부분의 탑 입구들을 동시에 볼 수 있다. 이 성당이 앞서 그린 성당보다 더 눈에 띄고 인상적으로 보이는 것은, 성당의 내부가 환하게 빛을 밝히며 모든 창문을 통해서 형형색색의 빛이 밖으로 비치기 때문이다. 흐릿한 노란색 흔적만으로 표시된 닫힌 창문과 문이 없었던 첫 번째 성당과 생동감 있는 두 번째 성당을 비교해 볼 때, 이 여성의 영혼에 어떤 일이 일어났는가를 볼 수 있지 않은가! 첫 번째 그림에서 그녀에게 아직도 두렵고 심지어 어떤 끔찍한 느낌마저 들었던 성당이, 이제는 내적인 빛으로 되었고 빛 속에 서 있으며 내부에서부터 밝아진다. 또한 그녀는 외적으로도 이 건물이 귀하다는 것을 강조하였다. 성당 건물의 지붕은 금색으로, 성당 종탑의 꼭대기는 은색으로 칠해졌다. 이 두 색의 가치는 빛과 광채를 나타내는 최상의 고귀함을 나타낸다. 그녀는 내부로부터 빛이 나오고 거룩한 광채로 뒤덮인 성당으로 무엇을 표현하려는가? 나와 함께 이 여성의 그림을 고찰했던 한 동료가 "이 여성은 신앙심이 있나요?"라고 아주 즉흥적으로 질문을 하였다. 이러한 질문과 관련해 볼 때 K 여성은 확실히 자기만의 방식을 보이며, 그녀가 말했던 것처럼 남편의 임종과 장례식에 신부님이 계신 것은 그녀에게 아주 많은 의미를 지녔던 것이다. 이러한 점에서 성당은 남편의 죽음을 통하여 그녀의 삶을 의미 있는 방향으로 가게 하는 신앙의 내적 활기를 상징한다. 이것은 초월적 의미의 징후다.

첫 그림을 그릴 당시 신은 그녀에게 특히 절대적이고 다가갈 수 없게만 보였던 초월적 힘을 지닌 존재였으며, 그녀의 운명을 좌지우지하는 능력을 가졌다. 그러나 신의 손에 맡겨졌던 그녀의 운명은 상을 당한 한 해 동안 변화를 일으켰다. 즉, 그녀의 내적 세계, 자기에 대한 관계와 초월에 대한 관계가 확대되고 생기를 얻게 되었으며, 그림도 더 많은 색조를 띠고 밝아지게 되었다. 반면, 오른쪽 상징인 외부세계는 두 그루의 나무에 의해 완전히 닫혀졌다. 활엽수와 침엽수인 두 나무는 줄기가 단단하며, 수관구조도 첫 그림의 나무들보다 더 분명하다. 첨탑의 십자가는 은색 안테나처럼 보인다.

흥미로운 것은 앞으로 기울이지는 성당의 기저선과 첨탑 방향이 호수로 향하고 있어서 호수와 교류하고 있는 것 같아 보인다. 성당에서 일어난 일은 호수와 호수의 상징적 의미와도 관계가 있으며 호수 없이는 생각할 수 없다. 나는 이 상황을 이렇게 이해하고자 한다. 둥근 호수는 처음부터 추측했듯이, 깊이와 닫힌 형상에서 K 여성의 내적 자기를 나타낸다. 이 호수는 처음에는 항상 변화하려고 했지만 완전히 닫히지 않았던 호수였다. 그녀는 이제 남편에 대한 질문, 남편에 대한 불안에서 해방될 만큼 변했다. 남편이 더 이상 존재하지 않고 그녀 자신만 있다면 그녀는 어떻게 되겠는가?

남편이 죽은 지 1년이 지난 지금 호수에 대한 질문은 더 왼쪽으로 기울어졌다. 이것으로 보아, 호수와 호수의 상징은 더 내적으로 되었다. 그것은 내적 호수, 내적 깊이가 되어 버렸으며, 그 안에 죽은 남편도 포함된다. 죽은 자가 어디에 있는지 모를 때, 위대한 신비의 비밀은 밝혀진다. 즉, 세상을 떠난 사람들은 우리 안에서 죽은 것이며, 그들을 사랑했던 우리의 가슴속에 묻히게 된다. 이 호수는 더 작아졌으며, 앞의 호수와 비교할 수 없을 정도로 맑아졌다. 또한 이 호수는 첫 그림과 비교하여 보면 훨씬 더 보호를 받고 있다. 상록수인 소나무들이 그 주위에 보초병들처럼 서 있으며, 오른쪽 성당 쪽에만 노란색과 노란색으로 변해 가는 잎이 무성한 나무들이 있다. 이곳은 겨울, 남편의 상실, 녹색이 확실하게 시들어 가는 그러한 자리지만, 동시에 성당의 열린 문과 만나는 위치, 즉 초월로 접근하는 위치다. 십자가는 검은색이 아니라 달빛의 은색이다. 슬픔은 고귀한 감정으로 변하는 것 같으며, 전보다 훨씬 더 열려진 하늘로 기울어지고 있다. 첫 번째 그림에서 하늘로 눈길이 향하는 것을 막았던 산들이 이제 사라지고 없다. 하늘의 색도 달라졌다. 하늘은 보랏빛으로 변하고 있으며, 고통 속에 있는 색이기보다는 라일락색 톤을 띠고 있다. 그것은 변화의 색이자 변형의 색으로, K 여성은 애도작업 중에 그것을 인식하였다. 은색 흔적들이 하늘을 지나간다—'초월의 공간'인 하늘도 이제는 그녀에게 귀한 존재가 되었다는 표시다.

성당 지붕 위, 정확하게 성당 지붕과 종탑 사이, 하늘이 바로 내려오고 있는 자리에 성당이 자리를 잡고 있다. 이 건물 자체의 색은 완전히 대지의 색이며, 다섯 가지 서로 다른 갈색 뉘앙스를 풍긴다. 이는 안에서부터 완전히 두루 비추는 그런 대지의 육체, '지상의 그릇' 과 같다. 그녀는 이 그림을 그리면서 자신의 육체와 남편의 육체, 아울러 그들의 육체적 감각도 느낀 것은 아닐까?

해바라기 원 안의 호수

그해 8월, 즉 남편이 사망한 지 2년을 앞두고 있는 시점에, 그녀는 무르익은 여름처럼 드디어 자신을 드러낼 수 있었다.

"8월보다 더 고독한 적은 없네."

Gottfried Benn은 그의 시에 이렇게 쓰고, 또 그 시에 다음과 같이 적고 있다.

> "완성의 시간. 토지에
> 붉은 빛과 황금빛 열정.
> 하지만 그대 정원의 기쁨은 어디에?"

남편을 여읜 미망인이 8월을 다시 자신 안으로 들어오게 했을 때, 그녀에게는 너무 고통스럽던 감정들과 격해질 수 있던 외부와의 만남에 더 이상 마음을 닫지 않겠다는 의도가 많이 담겨 있었다. K 여성은 다시 자신을 개방하고 새로운 자기관계와 세계관계를 발견하였다. 그리고 그것을 그림에서 보여 준다. 그녀는 그림을 그림으로써 자신이 지금 서 있는 곳을 더 확실하게 보여 주었다.

그림은 다시 중심에 집중하고 있다. 호수는 첫 번째 그림처럼 다시 중앙에 와 있지만, 이번에는 원이라기보다 타원에 더 가깝다. 다시 말해서 호수는 두 개의 초점이 있다. 다시 외부와 내부, 오른

해바라기 원 안의 호수

쪽과 왼쪽으로 향하는 기준점들이 있다. 두 개의 초점들은 먼저 부부의 내적 관계가 세상을 떠난 남편에게 통합되는 것을 의미할 수 있으며, 관계 판타지들로 보아 다른 배우자를 다시 허용할 수 있다는 것을 의미할 수도 있다.

타원형 호수는 여전히 보호받고 있지만, 더 이상 어두운 소나무가 아닌 밝고 노란색 해바라기 꽃에 둘러싸여 있다. 해바라기는 만개한 화관처럼 촘촘히 그 주위에 둘러서 있다.

두 번째 그림에서 성당 오른편이었던 곳에는 이제 은빛 꽃대들이 있으며, 빨간 열매가 가득히 달려 있는 과일나무와 접촉을 하고 있다. 나무 아래에 두 개의 해바라기가 한 쌍으로 서 있다—계속해서 전해지는 암시로는 그녀가 배우자에 대한 판타지, 즉 다시 남성과 함께 살고 싶은 상상을 한다는 것이다. 밝은 꽃이 핀 식물 형상, 경사진 언덕에서 자라는 주황, 빨강, 연노랑 꽃들이 오른쪽을 향해 열려 있는 외부세계로 가고 있다. 따뜻한 주황색 태양은 해바라기 꽃으로 둘러싸인 호수 위에 있으며, 호수는 태양 가까이 가려고 땅 위로 올라와 있는 것 같다. 이로 보아 태양과 호수는 서로를 끌어당기는 것처럼 보인다. 호수는 무의식의 심연을 상징할 때 나타나며, 자기(自己)는 바닥에서 솟아올라온 것처럼 의식화의 빛에 가까이 다가간다. 이 그림에서 보이는 황홀경의 순간, 자신을 잊은 즐거운 상태, 조금은 바닥 위에 떠 있는 상태는 오랜 기간 동안 남편 없이 자신을 닫고 살다가, 다시 발견한 세계와 타인에 대해 관계를 맺는 순간으로 이해할 수 있다.

또한 그림의 왼쪽, 부분적으로는 아직 무의식의 내면세계에 속하는 곳에 풍성한 꽃과 열매가 달린 식물이 있는데, 세 그루의 과일나무와 일곱 개의 꽃과 열매가 달린 관목들이다. 화면은 이제 2/3가 밝은 하늘색의 여름 하늘로 채워졌으며, 1/3은 녹색 초원으로 그림의 앞부분에 있다. 이 초원에는 아직 꽃이 없다. 자라나는 모든 것은 하늘과 땅 사이의 관계선상에 집중되어 있다. 하늘과 땅이 닿는 곳에 식물이 번성하고 성장한다. 그 선 옆의 넓은 평지는 이미 녹색, 즉 성장의 희망을 상징하는 녹색이기는 하지만 아직 꽃과 열매는 없다. 열매를 맺는 선상은 비교적 높은 곳에 위치하고 있어서 조금 '두드러져' 보인다. 이 당시 신뢰와 과도한 기대감이 K 여성의 그림에도, 그녀의 기분에도 많이 나타나고 있다. 그러나 이해할 수 있는 그녀의 즐거운 기분은 오랫동안 만남을 억제했기 때문에 아직 충분한 기반이 없으며, 그녀의 인성 전체와 관련지을 정도는 아니다.

내면의 호수

모든 애도작업에 해당되는 결실을 맺는 내적 작업의 새로운 특성이 네 번째 그림인 「내면의 호수」에 보인다. 이 그림은 K 여성이 남편이 사망한 지 3년째 되는 해 3월에 그린 작품이다.

이 그림은 이제까지의 그림들이 보여 주었던 그녀만의 특별한 미숙한 감정표현과 조야한 표현주의 기법을 모두 뛰어넘은 작품이다. 이 그림은 명상적 그림으로 아주 섬세하고 정교한 표현력을 지녔으며, 남편의 피부암이 재발되어 불치병으로 판명된 이후 3년 반 동안 내적으로 성장하면서 겪었던 모든 것을 포함하고 있다. 그것은 터져 나오는 모든 감정을 겪으면서 맞게 된 사별, 새로운 차원의 탐구, 내적 재발견과 잃은 것을 다시 얻는 것들이다.

그림이 질적으로 새로운 방식을 취했다는 것이 제일 먼저 눈에 띈다. 어떤 방식으로 그렸든 간에 지금까지 외부세계와 자연에서 그려졌던 호수가 이제는 완전히 내면세계의 호수, 완전한 상징, 중심과 기하학적 원이 되어 버린 것이다. 앞 그림에서 호숫가에 촘촘하게 피어 있던 꽃들은 이제 원 안을 채운다. 잘 보면 16개의 꽃가지 혹은 16개의 펼쳐진 관목은 4 곱하기 4에서 만들어진 숫자로 그 자체가 완성을 나타내는 숫자로 남편에 대한 애도과정이 끝났다는 것을 보여 준다. 빨간색 조각, 금비와 은비로 구성된 아주 생기 있게 움직이는 내용물을 지닌 이 가지는 그녀의 그림에 유일하

내면의 호수

게 나타난다. 이것은 기하학적으로 고요한 질서를 주는 것이 아니라, 다양한 색의 역동적 모습으로 가지가 벌어지고 서로 엉켜 있다. 바로 생기 있는 이러한 것이 중심에 있는 것으로 보아 이 만다라는 자발적으로 만들어졌다고 믿을 수 있다. 이렇게 되기까지 많은 성숙의 단계가 있었다. 이 그림은 임의로 조직화한 많은 다른 것들과 구별된다. 그것은 의심할 나위도 없이 만다라가 되었다. 여기에 파랑과 은색 테두리가 있는 터키색 원은 갈색 테가 쳐진 황금색의 정사각형에 감싸 있다. 이 만다라는 영원한, 지상의 사각형 안에 있는, 지상과 육체와 살아온 일상의 현실에 있는 금색으로 그려진 영혼의 꽃이다. 그러나 Jung에 의하면 자기실현을 위한 무대며 활동 영역인 사각형은, 이 세상에서 일상의 공간인 직사각형 공간에 둘러싸여 있다. 여기에서 직사각형 공간은 다시 부드러운 보라색, 창조적 변화의 색으로 칠해졌다.

K 여성의 변화과정과 개성화 과정은 결코 닫혀 있지 않았다. 오히려 폭풍과 같은 시련을 통하여, 새롭게 사랑할 사람을 만나는 단계로 나아갔다. 완전한 만다라인 마지막 그림은 애도과정을 마감하는 그림이다. 그러한 종결은 사별한 배우자가 내적 관계의 인물이 되어 새로운 자기관계로 스며든 것이다. 이러한 관계는 여기에서 원이 꽃가지를 포함하고 있는 것처럼, K 여성이 꽃피운 모든 것을 잃어버릴 수 없는 관계가 되었다. 마찬가지로 남편에 대한 그녀의 사랑을 상징하는 꽃가지는 그녀의 원 안에 통합된다. 이러한 통합은 K 여성이 다른 남성과의 관계를 자유롭게 맺을 수 있게 하는 것으로, 이러한 차원에서 그녀는 새로운 만남, 새로운 세계관계를 열 수 있다.

요 약

우리는 앞서 네 개의 그림 시리즈들을 감상하였고 해석하였다. 이 그림들은 모두 상실을 겪으면서 만들어진 작품들이며, 사랑하던 사람을 위한 애도과정을 도와주었던 그림들이다. 우리는 네 명의 여성과 그들의 운명을 더 가까이서 만날 수 있었다. 그들은 아들과 딸과 사별한 두 명의 어머니, 어머니를 여읜 여성 그리고 남편을 잃은 여성이었다.

애도작업의 중요한 부분을 그린 이 네 개의 그림 시리즈에 덧붙여, 마지막으로 다음 장에는 우리가 다룬 것들을 다시 고찰할 것이다. 즉, 그림의 어떠한 요소들이 애도작업에 영향을 끼쳤으며, 상실 경험을 극복하는 데 있어서 자발적 그림이 어떻게 효과적이고 치유적인 역할을 할 수 있는지를 알아보고자 한다.

치료제가 되는 그림그리기

치료제가 되는 자발적 그림그리기

"치료제가 되는 그림그리기"라고 이름 붙인 이 글은, 원래 조형 활동의 창조적 행위인 그림을 그리는 것 자체가 이미 치료적 기능을 가진다는 믿음에서 출발한다. 자발적으로 그린 그림은 애도자의 그림 사례에서 보여 주었던 것처럼 아무런 말이 없이도 치유적인 효과를 준다.[1] 사별의 아픔을 겪고 있는 자들의 정서적 고통, 위기, 병, 불안, 내적 고통과 긴장, 아무런 희망이 없는 상황 등과 같은 모든 것들은 그들에게 그림을 그릴 근거를 제공한다. 그러한 상황에서 그리는 그림은 '구조하는 그림' 이고, '조형의 치유적인 힘' 이며, '창조적 자유를 위한 길' 이다. Alice Miller는 '고통의 상황에서' '내적으로 자폐적이 되어버린 아이' 에게 표현의 여지를 주기 위해 그림을 그렸다. 그녀는 이렇게 그림을 그리고 난 후에야 자신의 책을 집필할 수 있었다. Elisabeth Tomalin은 나치 지배하에서 불안을 극복하기 위하여 자발적으로 이러한 내적 상황을 그림으로 그렸다. 그녀는 그러한 그림을 통하여 자신이 도망을 쳐야 한다는 것을 분명하게 알게 되었다. Peter Schauwecker는 불안의 위기에 처했을 때, 만다라와 비슷한 형태의 그림을 그려 그 위기를 극복할 수 있었다. 또한 Max von Moos는 "만약 그림을 그리지 못했다면, 나는 정신병원에 있었을 것입니다."[2]라고 말했다. 이러한 그의 말을 통해 그림이 치유적인 효과를 준다는 것을 확실하게 증명할 수 있다.

사별의 위기에 있는 사람들도 위협적인 자아붕괴의 위협에 맞서는, 또 절망과 불안과 외로움에 대항하는 그림을 그리게 되었다는 자신들의 체험을 전한다. 나는 그림을 그릴 때 치유적인 영향을 주는 것이 무엇인가를 탐구하기 위하여, 그들이 사별의 위기에 처해 있으면서 처음으로 그림을 그리기 시작했는지, 아니면 그림을 그림으로써 더 효과를 얻고 돌아왔는지에 대해서 질문하였다. 그들이 경험한 것은 앞서 소개한 작가들의 사례와 비슷하였는데, 그들은 그림을 그릴 동안 '온전히 자기 자신' 이 되었다고 한다. 그들이 그림을 통하여 가장 중요하게 경험한 것은 자신의 내면에 존재하는 창조적 측면과 만나게 되고, 자기만의 고유한 창조력을 체험하며, '어떤 그 무엇' 과 접촉하는 것이었다. 그들은 이러한 것을 말로서 모두 전할 수는 없지만, 깊게 느낄 수 있고 자신의 그림으로 표현할 수 있으며 중요한 의미를 경험할 수 있다고 하였다. 이러한 것은 스스로에게 의미 부여를 하며, 그로 인하여 치유를 경험하게 한다. Schottenloher는 '정신의 신비한 예지' 에 해당하는 이러한 '어떤 그 무엇' 에 대해 언급한다. 이것은 내적 질서의 틀을 따르며, 합리적이지 않고, 논리 이전의 매트릭스인 모체(母體)에 해당하며, 관찰할 수는 있지만 알 수 없는 계획에 의해서 이루어지는 것이다. Schottenloher에 의하면 "그림을 그리는 과정은 그림을 그리는 창작자에게 그 과정 안에 내재된 계획, 즉 정신의 내적 질서원리와 접촉하게 한다. 이러한 과정은 직접적으로 관찰할 수 있는 것이 아니라 간접적으로만 추론할 수 있기 때문에 그것을 서술하기가 매우 어렵다. 또한 그림을 그리는 과정은 사실이 아닌 전제조건으로만 받아들일 수 있다. 이것은 관찰에 해당하는 것으로, 조형과정에서 이성에 의해 조정되지 않고 비합리적 지식이 나타날 때 그것은 진실하고 중요하게 느껴지고 인식된다."[3] 앞서 언급한 Schottenloher의 '정신의 신비한 예지' 라는 말은 Jung과 Ehrenzweig[4]의 견해와도 일치된다. 이는 이미 '참여하는 의식화'[5] 개념 아래 변형의 과정, 변화와 변형의 근거를 만든다. 이러한 '비합리적 지식' 으로 가는 길을 연결해 주는 것이 바로 그림치료 혹은 미술치료 안에 있다. 미술치료는 인간의 병리적인 것과 결함에서 출발하는 것이 아니라, 바로 인간의 잠재력과 자원에서 출발한다. '비합리적 지식' 에서 공급되는 인간의 고유한 창조적 잠재성은 결함에 대항한다.

애도단계에서 그리는 그림의 기능

"인간은 죽음 앞에서 좌절과 저항이라는 진퇴양난의 상황을 겪게 된다. 창조성에서 우리는 아마도 이제까지 우리가 풀지 못한 상황에서 빠져나올 수 있는 제3의 방법을 발견할 수도 있다……."[6]

창조적 활동인 그림을 그리는 것은 이러한 애도상황에서 느껴진 해결할 수 없는 것에 대하여 반대 영향을 끼칠 수 있다. Verena Kast는 애도작업에서 애도자의 꿈에 그러한 문제들이 나타난다고 보고, 꿈을 반영하여 단계적 진행을 시도하였다. 나는 이를 본보기로 하여 그림으로 반영되는 것을 인식하고 서술하는 방식을 찾는다. 자발적으로 그려진 그림은 '구체화' 된 환영과 심상으로 이해할 수 있으며, 그것은—물론 다시 변화되는데—외부로 표현된다. 우리가 무의식의 발로인 꿈으로 애도자를 지도할 수 있는 것같이,[7] 애도과정에서 애도자들이 무의식적으로 그린 자발적 그림으로 그들을 지도할 수 있다. 또한 이러한 그림은 우리를 지탱하고 우리를 개별적 단계의 문턱을 지나 성공한 애도과정을 보여 주는 마지막 단계인 새로운 자기관계와 세계관계로 안내한다.

나는 Verena Kast가 관찰하여 말했던 것처럼, 애도과정 각 단계에 나타나는 그림의 치료적 기능을 다시 한 번 정확하게 고찰하고자 한다. 물론 여기에서 애도단계란 엄격한 직선적 과정이 아니다. 즉, 누군가 '슬퍼할 단계에 슬퍼하지 않는' 단계가 있다는 것을 말하는 것이 아니라, 애도단계들이 서로 겹치거나 서로의 단계에 스며들 수 있다는 것을 말하고자 한다.

인정하지 않는 단계의 그림

사랑하던 사람의 사망 소식을 들으면 우리는 먼저 심한 충격에 빠지게 된다. 특히, 갑작스럽게 찾아온 죽음, 예를 들어 자식의 죽음이나 부부 중의 한 사람을 사고로 일찍 잃게 되는 경우에 받게 되는 충격은 더욱 크다. 이러한 경우에 나타나는 초기 반응은 애도 연구에서 개념적으로 사용하는 '쇼크 상태'(Bowlby), '부정단계'(Spiegel) 혹은 Verena Kast가 말한 '인정하지 않는 단계'로 나타난다. 사별의 충격을 받은 사람은 이러한 초기 기간 동안 주변 환경에 대해 흔히 경직된 채, 눈물을 보이지 않고 무감각한 반응을 보인다. 이것은 그가 감정이 없는 것이 아니라, 심한 충격과 고통이 엄습한 상황에서 그와 같은 감정들이 더 이상 일어나지 못한다고 느끼기 때문이다. 또한 이러한 마비상태가 되어야 이 시기에 겪는 정신적 해리의 위협에서 보호될 수 있기 때문이다.

가족을 잃고 상황을 겪게 되는 단계에 그림을 그리게 되면, 이러한 초기 쇼크에 도움을 받을 수 있다. 그림에서 죽은 자나 사별한 사람은 살아 있다. 그런 일이 일어나지 않은 것처럼 상상하여 그릴 수도 있는데, 이는 잃은 자를 재창조하는 것이 된다. U 여성이 그린 꽃의 상징에서 보듯이, 그녀는 살아 있는 자식들만 그린 것이 아니라 네 자녀를 모두 그렸다(「히안 이네모네」, p. 104). 이것은 엄청난 감정적 요구에 대한 방어와 중요한 관계가 있는 것으로, 사랑하던 사람의 죽음을 받아들여야 되는 것, 즉 사랑하는 사람의 부고를 받고 처음으로 나타나는 부정의 방어기제로 볼 수 있다. 이와 같은 방어과정은 정신이 자신을 보호하고 자아가 그 놀라움의 순간에 와해되지 않기 위해서 보이는 필수적인 태도다.

그러나 그림을 그림으로써 거부할 수 없는 격렬한 감정이 밀물처럼 밀려오고 무의식이 그림으로 몰려오면서, 적절한 시기가 되면 죽음을 인정하지 않는 단계를 극복하는 기회를 갖게 된다. 그림을 그림으로써 그러한 무감각 상태로 머무르는 위험이 줄어든다. 그림에 감정을 유입함으로써 초기 쇼크인 경직상태가 풀어질 수 있다. 또한 그림은 능동적 활동을 제시한다. 이처럼 그림의 구조적 기능을 통하여 감정적 경직과 격렬한 감정의 범람으로부터 안전하게 보호할 수 있다.

감정이 터져나오는 단계의 그림

이 단계에서는 잃어버린 자나 세상을 떠난 자와 관련된 감정과 상실을 통해 유발되는 것과 과거의 관계에 대한 본질적인 것을 여과하는 것이 문제다. 무엇보다 중요한 것은 이 단계를 완전히 거치는 것으로, 예를 들어 감정을 차단하고 억제하거나 죽은 자에 대한 공격적 태도를 통하여 애도작업을 마비시키고 시간을 끌지 않는 것이다.

그림을 그리는 것은 이러한 단계를 극복하기 위한 특별한 기회를 제공한다. 불안과 공격성, 즉 원하지 않았던 감정들을 그림을 그리면서 풀 수 있으며, 그러한 감정들을 마음껏 분출하고—그림의 카타르시스 기능이 여기서 자유롭게 이루어질 수 있다—동시에 무엇을 채울 여지를 발견할 수 있다. 그림이나 그림 시리즈가 완성될 때 감정들은 다시 구조화되며, 그림을 통하여 마음에 갈등을 일으킬 수 있는 얼굴과 만나게 된다. 그림의 구조적 기능은 분출되는 감정들을 수용하고 자신에게 새로운 방향을 잡을 수 있도록 도와준다. 헤아릴 수 없는 공포감, 이해할 수 없는 것, 혼돈스러운 것들이 그와 같은 그림과 상징으로 그려질 때, 불안과 공격성은 항복을 하게 된다. 특히, 그림 전체가 시리즈로 그려지면 모든 그림이 구조적으로 되어 가는 경향을 볼 수 있다.

공격성, 상실에 대한 분노와 불안 같은 감정들이 이 단계의 그림에 표현되듯이, 사랑과 그리움도 자주 중요하고도 가장 강하게 느껴지는 정서들로 나타난다. 이 단계에 그리는 색과 형태와 싱징을 통하여 '그릇'을 얻을 수 있으며, 그 안에서 그러한 정서들이 이해되고 더 잘 간직될 수 있다. 이러한 활동으로 애도자는 사별의 슬픔 속에서 자주 모순되면서도 강하게 경험했던 감정들이 격렬하게 엄습해 들어오는 위험을 완화할 수 있다. 상징적이고 구조화된 그림의 기능을 통하여 위협적이거나 심지어는 이미 위협적 공격의 결과로 얻어지는 감정의 범람을 다시 수용할 수 있다. 또한 죄책감도 그림에서 구체화될 수 있다. 그림을 통하여 부분적으로 회복이 이루어질 수 있다. 그것은 아이들이 부모와 갈등이 있고 난 후에 그림을 그리는 것과 같으며, U 여성이 자살로 삶을 마감한 딸을 위하여 딸의 생일선물로 그림을 그린 것과 같다(「하얀 아네모네」, p. 104, 「유리집 속의 장미」, p. 116).

심지어는 직접적으로 자기를 손상시키지 않고, 자기 스스로를 벌하는 그림을 그림으로써 진정되는 경우가 있다. 바로 H 여성이 자기 암석화의 표시로 돌을 그린 것(「절벽」, p. 24)이 그러한 예다.

바로 이 단계에서 그림은 퇴행을 통하여 와해되고 불안정한 내적 삶을 적절하게 표현할 수 있으며, 다시 상실을 극복하는 전진적 단계로 갈 수 있게 한다. 이처럼 창조적 활동을 통하여 퇴행과 전진은 긴장감 넘치는 역동성과 연결된다.

찾고 발견하고 다시 이별하는 단계의 그림

이 단계에서는 무엇보다 회상작업이 이루어지는데, 세상을 떠난 자나 잃어버린 자를 기억과 판타지를 통해 찾고 다시 발견한다. 무엇보다 세상을 떠난 사람과 내적 대화를 하면서 심한 갈등이 일어난다(Verena Kast는 이것을 '발견'이라고 한다). 그러나 결국 이를 통해 애도자는 세상을 떠난 자와 마침내 분리될 수 있다. '이러한 찾기-발견하기-이별하기는 세상을 떠난 자와 관련된 것을 자신 안에서 발견하며, 그러면서도 과거의 상황을 더 이상 생각하지 않고 세계이해와 자기이해를 다시 세워야 한다는 것을 받아들인다.'[8)]

여기에서 세상을 떠난 사람은 점점 더 내적 심상으로 나타나고 수용될 수 있는데, 드디어 이것이 산 자와 죽은 자를 현실적으로 분리하는 것을 도와준다. 회상과 보완은 적응하는 극복기제에 속하는 것으로, 새로운 관계를 성립하고 다룰 수 있는 능력을 다시 만들어 준다.[9)]

특히, 그림을 통한 회상과 판타지에서 찾기 단계를 거쳐 갈 수 있다. 그림을 그리는 과정에서 잃은 자를 찾는 것이 이루어진다. 예를 들어, 죽은 자와 함께 겪었던 중요한 경험과 상황을 기억하여 그림으로써, 혹은 H 여성이 그림에서 인상적으로 그렸던 것처럼 찾는 활동 그 자체(「다리」, p. 38)를 통해서 볼 수 있다. 그녀는 이 그림에서 다리의 두 방향이 서성거리는 것을 그렸는데, 이러한 혼란은 처음에는 닿을 수 없었던, 그림에는 묘사하지 않은 죽은 아들이 울타리 뒤에 있다는 것을 알 때까지 계속되었다. 그림은 찾고 발견하는 단계에서 그림을 그리는 사람을 위로한다. H 여성은 그림을 들여다보면서, 자기 아들이 울타리 뒤에 있음을 보았고, 상상 속에서 그렇게 아들을 발견함으로써 위로를 받았다.

이 단계에서 특히 중요한 것은 그림을 통하여 대립되는 것이 통일되는 상징화가 이루어질 수 있다는 것이다. 이는 서로 떨어져 있는 거리를 연결시켜 준다. 바로 H 여성의 그림에서 이를 분명하게 볼 수 있다. 그녀는 자신의 고통이 위로받는다고 느꼈는데, 자신이 그린 생명나무의 뿌리가 죽은 아들과 결별하게 만드는 울타리 아래에서 자라 건너편에 있는 아들에게 건너갔다는 것을 깨달았기 때문이다. 이 경우에 나무뿌리는 아주 확실한 상징으로, 그녀는 죽은 아들의 어머니기에 둘은 공동의 뿌리를 가진다는 것을 표현한다. 즉, 그녀는 아들을 낳았기 때문에 더 깊은 영역에서는 서로 분리될 수 없다. 아들이 세상을 떠났어도 그녀는 그의 어머니로 존재한다. 아들은 비록 영원히 떠났으나, 이와 같은 공동의 뿌리를 공유함으로써 그는 여전히 어머니와 내적으로 아주 가깝게 있을 수 있다. 이렇게 그림을 그리는 과정에서 H 여성은 아들을 내적으로 '재발견' 하였으며, 이러한 상징화 과정을 아주 기쁘게 체험하였다.

그림은 다음 단계에 필요한 '다시 이별하는 것' 의 과정에도 자극을 준다. 즉, 그려진 그림을 통하여 죽은 자를 이승에서 더 이상 만날 수 없으며, 그는 점점 더 내적 심상과 자신의 일부분이 되어 버린다는 것을 알게 된다. 죽은 자나 잃어버린 자는 그림을 그린 사람의 내적 심상으로 존재하며, 더 이상 현실적 대상이 아닌 애도자의 일부분, 즉 영적 심상이 된다. 이것은 H 여성의 「인간 천사」(p. 70) 그림에서 보여 주는데, 여기에서 죽은 아들에게서 날개가 자라 아들은 '천사와 같은' 존재가 되며 동시에 그녀 기억의 일부가 된다.

새로운 자기관계와 세계관계 단계의 그림

이 단계가 되면 애도자는 사별을 현실적으로 받아들이고, 사별 전의 관계와 개인적 자기가 다시 분리된다. 다시 말해서 충격을 받고 심지어 자신이 해체된 후에 다시 제자리를 찾게 된다. 잃어버린 사람에 관련된 대체와 투사가 사라지고 그와 연결된 힘과 분리되어, 애도자는 자기 자신과 세상과의 관계를 새롭게 맺을 수 있다.

이 단계가 시작되는 과정에서 자주 자기가 새롭게 탄생하는 상징적 그림이 그려지는 것을 인상적으로 볼 수 있다. 예를 들어, H 여성이 아직 탯줄이 달려 있는 아이를 그린 것(「죽음과 탄생」, p. 53), U 여성이 아이의 빛나는 푸른색 눈동자를 만다라 형태의 그림 중앙에 그린 것(「무지개 십자가」, p. 129)에서 볼 수 있다.

안정되고 놀라운 집중력으로 잘 구조화된 그림에서는 방향성, 구조화, 내적 균형과 안정된 자아가 다시 이루어지는 것, 즉 자아상을 회복한 것을 선명하게 볼 수 있다. 이러한 회복은 바로 만다라 그림과 같은 것을 그리는 동안 이루어진다. 이것은 진정한 의미의 '자기창조 행위로서의 그림'과 관련된다.

새로운 자기관계가 발견되면, 새로운 세계관계를 위하여 리비도가 자유로워진다. 예를 들어, H 여성이 그린 「사막」(p. 62) 그림처럼, 아들이 죽은 후에 자신을 위한 삶을 다시 조금씩 발견하게 되는 경우다. 확대경을 통하여 무엇을 발견하고 확장하는 것처럼, 여기서는 누구도 생명을 기대하지 않았던 사막에서 작은 녹색식물과 약초를 볼 수 있게 되었다. 또 다른 예로 U 여성은 그림(「정리정돈」, p. 127)에서 자신이 살고 있는 지하실을 정리하면서 낡은 것과 필요 없는 것을 분류하여 정리하는 것을 그렸다.

그러나 무엇보다 새로운 세계관계는 만다라 형식의 그림인 「무지개 십자가」(p. 129)에서 볼 수 있다. 여기서 이미 새로운 자기와 연결되어 아이의 눈으로 상징화되며, 확대된 영역으로 새로운 관계를 이어나간다. 또한 십자가의 네 방향에서 표현했듯이, 그것은 네 개의 흐름으로도 여겨질 수 있다. 이것은 자기중심에서 새롭게 출발하고 자신을 세계 속으로 연결하는, 즉 새로운 관계가 성취되는 단계다.

그렇게 주체적으로 그린 그림의 상징은 슬픔을 겪는 당사자들에게 그런 단계를 앞당겨 받아들이고 활성화하도록 하는 새로운 가능성을 열어 준다. 그림은 그들에게 자신을 다시 생각하게 하며, 현실의 속성을 부여하고 다시금 조형자로서의 자신을 보게 하여 새로운 가능성을 장려한다. 그림을 고찰함으로써 자유로워진 에너지들은 그림이 완성되는 순간을 넘어 멀리까지 영향을 끼친다.

이러한 특별한 가능성을 가진 그림은 한편으로는 애도과정의 각 단계를 정서적으로 완전히 비우게 하며, 다른 한편으로는 한 단계에만 머무르지 않고 다음 단계로 넘어가게 한다.

애도과정을 통과하는 길이 되는 창조성

애도와 창조성은 발달심리학적으로 유아기의 분리과정에 뿌리를 두고 있다. 이러한 점에서 볼 때 성인이 고통스런 상실을 당할 경우에, 그것을 극복하기 위하여 상징을 통한 창조적 표현을 시작하는 것은 당연하다. 창조적 활동으로 그리는 자발적 그림, 소위 조형과정 자체는 하나의 극복작업, 즉 Winnicott의 '중간 현상'으로 이해될 수 있다. 그것은 애도자가 그림을 그리는 과정 동안 적어도 버림받은 상태, 잃어버린 사람과의 사별의 순간을 잊을 수 있기 때문이다. 애도기간 중에 그려지는 그림은 사랑했던 사람을 다시 자기 안으로 수용하는, 자기 안에 현실화시키는 기능을 하므로 과도기 상징의 기능을 한다고 볼 수 있다. 이러한 고통스런 상실을 경험하는 동안 그림을 그리는 것은 바로 어린이의 마술적 단계에 해당하는 시도로서, 잃어버린 대상을 다시 얻게 되며 동시에 다시 삶으로 되돌릴 수 있는 표현이 될 수 있다. 이것은 타인의 내적 상을 '대상화' 하는 시도인데, 내적 상에서 외적인 것으로 만드는, 예를 들어 U 여성의 그림 「하얀 아네모네」(p. 104)에서 볼 수 있는 것과 같다. 이 여성이 네 자식을 꽃 그림으로 상징하고 살아 있는 세 아들과 똑같이 잃어버린 딸을 빼놓지 않고 그린 것이나, Hodler가 사랑했던 Valentine를 다시 만지고 안을 수 있는 '흉상' 으로 형상화한 것도 같은 맥락이다.[10)]

또 다른 점은 자신의 그림에 대한 태도로서, 스스로 그린 대상과 가깝고도 비언어적 접촉을 다루는 경우다. 여기에서 이것이 어떤 종류의 관계인지 의문을 제시할 수 있다. 정신분석가들[11)]은 이러한 접촉을 '확장된 자기나 자기강화'[12)]가 다루어진다고 여긴다. 이러한 점에서 그림에 대한 관계는 대상적인 것이 아니라 자기애적인 것이 될 수 있다.[13)] 이것은 치유적 자기 그림을 고수하는 시도로 이해할 수 있다. 이와 관련하여 Müller-Braunschweig에 의하면, "그림을 그리는 사람은 자신의 작품에서 스스로를 '치유된' 존재로, '전체' 로 경험한다. 말하자면 그는 자기 고유의 완벽한 작업을 한다. 그리하여 완성된 작품은 다시 그 자신에게 영향을 끼치며, 그는 작품과 자신을 동일시할 수 있다."[14)] 그림을 그리는 것은 내적으로 대상 상실과 관계하는 것이 아니라, 결정적으로 창조적 존재와 그 안에서 경험하는 고유한 창조력이다. 또한 Jung은 그림을 그린 사람이 경험하는 고유한 창조력을 다시 인간을 돕고 인간의 자연적인 성장 경향을 돕는 결정적인 것으로 본다. 또한 이것은 고통스러운 상실의 경험에서 자주 억제되는 것으로 보이는 자연스런 발달 경향을 도와줄 수 있는데, 바로 그림을 통하여 그러한 것이 가능하다. 상실작업의 경우에 자신의 고유한 창조적 측면을 경험하는 것은 근본적으로 중요하다. 그러면서도 당사자들은 자주 H 여성이 그린 것처럼, 한편으로는 자신의 사지가 절단된 것 같은 느낌을 가지며, 다른 한편으로는 자신이 아주 힘이 없다고 느낀다. 그림을 통하여 그들은 적어도 그와 같은 견딜 수 없는 상태에서 빠져나오고 거리를 두는 시간을 얻을 수 있다. 하지만 그러면서도 그러한 감정에 머무르게 된다.

가까운 사람을 잃고 혼자 남게 된 사람에게 자주 창조적 비약이 일어나는 사례들은 문학작품에서 많이 소개된다. Niederland의 경우, 곁에 있던 사람을 상실했을 때 했던 시와 회화와 연극의 작업에서 예술가의 천부적 재능과 학문의 탁월한 업적이 나왔다고 할 수 있다.[15] 어쨌든 이에 대한 근거로는 죽음을 통하여 과거의 질서가 내외적으로 붕괴되고, 그때까지 어느 정도 기능할 수 있었던 관계의 구조가 풀어지는 것을 살펴볼 수 있다. 인간은 자신을 새로이 정립해야 한다는 것을 보지 않을 수 없다. 다시 말해서 상실은 과거의 구조를 분리함으로써 새로운, 어쩌면 더 힘 있는 복합적 구조로 이르게 되는 것을 고려할 수 있는 기회를 갖게 한다.

그렇다면 그림은 그러한 상황에 어떻게 기여할 수 있는가? 그림에는 상실자나 고통을 받는 자가 그려질 뿐만 아니라, 대부분의 경우 아직 무의식에 있던 것들이 의식으로 올라오는 그러한 자원들이 함께 그려진다. 이런 점에서 사별의 고통을 겪고 있는 사람에게 그림을 그리도록 격려하는 것을 쉽게 이해할 수 있다. 그들은 그림을 그림으로써 자신들의 잠재된 능력과 다시 만날 수 있으며 상실감을 창조적으로 다룰 수 있게 된다. 이러한 점에서 상실은 위기상황으로 이해될 수 있는데, 여기에서부터 인간의 창조력은 발전한다. 바로 그 안에서 자신의 내적 충격을 견뎌 내기 위하여 자신의 모든 판타지와 창조성을 투입하지 않을 수 없게 되는 것이다. 그렇게 함으로써 자신은 바로 일어서게 된다.

이러한 점들에 근거한 논제는 다음과 같다. 즉, 자발적 그림을 통하여 자신만의 고유한 상징화 능력을 경험하고, 창조적 묘사 형태를 발견함으로써 애도과정을 돕고 장려하고 긍정적인 영향을 주게 된다. 그림을 그리는 사람은 애도과정의 힘든 단계에 동행할 수 있고, 자신과의 만남을 유지할 수 있으며, 자신을 창조하는 존재로서 경험한다. 창조적 작업을 통하여 고통이 완화되며, 위안을 경험하게 된다. 그리고 바로 그림에 고통이 그려지며, 창조적으로 작업할 수 있다는 것을 경험한다. 여기에서 자기에 대한 긍정적 피드백을 하게 된다. 즉, '자기'(Jung의 개념), 상을 당한 사람에게 고갈되어 버렸던 리비도가 이것을 통하여 서서히 스며들게 되며, 타인과의 관계를 구축할 수 있게 된다. 또한 그림은 확실한 자기확신을 부여하며, 애도자에게 그 자신이 현재 어디에 있는가를 보여 준다. 나아가 그가 다시 일어설 수 있고 분명히 이 세상에 다시 자리를 잡을 수 있도록 도와준다. 애도자는 죽음과 같은 감정적 충격을 통해서 자주 자신이 '세상에서 떨어져 나간 것 같은' 체험을 하면서도, H 여성이 말한 것처럼 결코 견딜 수 없고 참기 어려운 상태에서도 생각할 수 있다는 것을 경험한다. 그녀는 그림을 그림으로써 처음으로 자신에게 다시 생기가 생긴다는 것을 느낄 수 있었다고 하였다.

위협적인 자아해체에 대항하는 예방적 효과로서 그 다음에 오는 정신역동으로 그림을 통한 애도작업이 결실을 맺을 수 있다. 상실을 통하여 인간은 퇴행에 이르게 된다(일차적 과정의 진행). 이것은 한편으로는 그를 민감하게 하고 창조적 작업에 마음을 열게 하며, 다른 한편으로는 그리는 과정을 통하여 자아기능이 강화되어(이차적 과정의 진행) 자아해체에 대비되는 영향을 끼친다.

문헌에서는 애도자의 심리적 작업에 대한 반응이 단계마다 질적으로 차이를 보인다는 결과를 제시한다. 각 단계마다 '그 안에서 교착상태에 빠지는'[16] 위험이 도사리고 있다. 다음의 그림 시리즈에서는 애도작업 동안 자발적으로 그려진 그림이 상을 당한 사람들을 도와주며, 그림들은 각 단계들을 완전히 거쳐 그중의 어떤 단계에 머무르는 위험을 막아준다는 것을 보여 준다. 즉, 그림은 각각의 새로운 단계를 소화할 수 있는 기회를 제공하는 장점이 있다.

그림과정에서 정신의 자기조절

인간의 정신은 분명히 삶의 가장 어려운 상황, 이별과 상실과 죽음을 경험하면서 무력한 상태에만 빠져 있는 것이 아니라, 바로 애도 자체로 아직도 의미를 얻을 수 있는 상징을 발견하고 조형화하며 창조적으로 될 수 있다. 이 점이 내가 이제까지 겪은 가장 인상적인 경험에 속한다. 그러한 상징들은 밤에 꾸는 꿈에 나타날 수 있으며, 백일몽과 상상 또는 그림에도 나타날 수 있다. 어머니로서 가장 가슴 아픈 일인 자식이 자살한 경우에, 예를 들어 H와 U 여성이 그러한 슬픔에 대해 뿌리 깊은 상징들을 발견하고 그림으로 그린 것을 후에 함께 보는 것은 매우 감동적이다. 이 어머니들은 자신들의 가장 내면적인 것까지 그림으로 찾으면서 자신들의 삶과 투쟁을 한다. 결국 그들은 그림을 그림으로써 계속 살아갈 수 있는 전망을 발견하며, 나아가 자식들이 자살을 한 후에 스스로에게 던졌던 끔찍한 자기비하를 멈추게 되고 새로운 확실성을 얻게 된다.

처음의 두 그림 시리즈들은 이미 언급하였듯이 심리치료를 하면서 그려진 것이 아니라 그들 스스로가 자발적으로 그린 것이다. 이것은 인간의 정신에 주어진 것으로 일종의 자기치유 경향과 자기치유 능력을 보여 주는 귀한 증거가 된다. 바로 미술심리치료를 하면서 이러한 자기치유 경향을 인식하고 계산하여 그에 타당한 비중을 주는 것은 중요하다. Jung은 정신을 자기 스스로 조절하는 조직체계로 본다. 이러한 자기조절은 그의 관점에서 보면 무엇보다 상징을 형성하는, 소위 '초월적 기능'을 통하여 이루어진다. 그러한 기능을 통하여 정신은 의식화된 경험과 무의식의 경험 사이에 이루어지는 극심한 대립을 새로운 차원으로 통합한다.

H 여성은 이와 같이 자기 자신을 그렸다. 그녀는 다리 위에서 한쪽 다리를 지팡이에 의지한 채 어찌할 바를 모르고 불안하게 서성거리고 있고, 울타리를 사이에 두고 아들과 강하게 분리되어 있으며, 그 뒤에 있는 아들은 다른 세계에 있는 것으로 보인다(「다리」, p. 38). 그녀는 아들과 헤어진 이 울타리에 눈길을 주며 마음속으로 우왕좌왕하다가, 먼저 울타리의 이쪽에 서 있었던 그녀의 생명나무 뿌리가 울타리 아래를 통하여 아들이 있는 곳으로 자라고

있다는 것을 갑자기 알게 되면서, 죽은 아들과 뿌리를 통하여 새로운 관계에 이르게 되었다. 그녀는 그것을 어느 순간 갑자기 알게 되었다. 그녀의 뿌리와 아들의 뿌리는 분리될 수 없다. 뿌리로 보아 어머니와 아들은 함께 있으며, 그녀 자신은 그곳에서 여전히 아들의 어머니로 존재한다. 그것은 죽음으로도 되돌릴 수 없는 진실이다. 이렇게 그녀는 울타리 아래를 지나 자라나는 나무뿌리를 그렸으며, 다리 위에 서서 아들과 연결시켜 주는 이 뿌리를 응시하였다. 이러한 상징을 발견하는 것이 그녀에게는 커다란 위안이 되었다. 이 그림은 Jung이 초월적 기능과 그 영향력에 대한 정의를 내린 것과 정확하게 맞아떨어진다. "논거와 정동의 설왕설래는 대립의 초월적 기능을 묘사한다. 어떤 입장에 반대하는 것은 활기찬 것을 증명하는 힘의 긴장을 의미한다. 또한 '제3의 tertium nun datur ……' 의 원리에 해당하는 논리적 사산(死產)이 아닌, 대립 사이의 긴장에서 나오는 전진, 활기찬 탄생, 존재의 새로운 단계, 새로운 상황을 이끄는 제3의 존재를 의미한다. 초월적 기능은 대립되는 것이 서로 근접하는 특성을 보인다."[17)]

그림에서 이 여성이 다리 위에서 불안하게 우왕좌왕하는 것은 논거의 설왕설래에 해당한다. 이무튼 다리는 연결의 상징으로 이미 그곳에 있으며 발견되었다. 대립관계의 입장에 해당하는 것은 다리에 서 있는 여성의 이쪽과 아들이 있는 저쪽, 그 사이를 갈라놓는 울타리가 있다. 제3의 존재는 나무뿌리가 건너편까지 자라는 것으로, 이쪽과 저쪽의 냉혹한 분리를 연결한다. 명제와 반명제의 통합인 제3의 존재는 결국 이별과 결합, 상실과 공동 뿌리의 재발견을 상징하는 전체 그림이다.

이러한 그림은 심리적 필요성에 의해서 이루어졌는데, Jung은 이것을—이 입장은 먼저 꿈에서 출발한다—다음과 같이 서술한다. "불분명한 내용은 자주 시각적 조형을 통하여 불가피하게 분명하게 되어야 할 필요가 있다. 이것은 소묘, 회화, 조소를 통해서 이루어질 수 있다. 흔히 손은 이성이 헛되이 노력하여 풀려고 했던 비밀을 해독하는 법을 알고 있다. 즉, 조형을 통하여 초기의 이해할 수 없었던 각각의 우연이 전체 개성의 영역으로 통합된다."[18]

앞서 언급한 그림의 상징성은 충격받은 의식에서 그려지는데, 이는 무의식에서 나온 보상적 충격의 흐름을 위해 이미 준비되어 열려 있었다. 그것은 바로 모든 상황과 반대가 되었고, 그 상황에서 당사자는 아마도 무의식에서 나온 충동에 저항하여 자신의 충격받지 않은, 충격적이지 않은 인식을 잡으려고 시도할 것이다. Jung은 또한 의식이 궁지에 몰렸을 때 나오는, 무의식에 대항하는 기대에 찬 입장에 대해 서술한다. "충분한 모티브가 있을 때, 그와 같은 절차가 합법적인 방식으로 이루어질 수 있다는 것은 자명하다. 인간은 자기 안에 지도 의지가 있을 때, 무의식에게 지도권을 넘겨 줄 수 있다. 그러나 그것은 의식이 어떤 방식이든 궁지에 처해 있을 때만 가능한 사례다. 무의식의 내용을 형상화하고 형상화된 것의 의미를 이해할 수 있는 행운을 만나면, 자아가 그 상황에서 어떻게 행동할지에 대한 질문이 제기된다. 그러면 자아와 무의식 간에 직면이 이루어진다. 이것은 절차의 두 번째 과정이고 가장 중요한 부분으로서, 대립이 가까워진 것이며 제3의 존재가 생성되고 제시되는 초월적 기능의 과정이다. 이 단계에서 조종하는 것은 더 이상 무의식이 아니라 자아다."[19]

그림을 그릴 때 자아는 어느 정도 조종할 수 있다. 즉, 그림을 그리는 과정에서 무의식에서 나온 충동을 받아들이고—여기에 울타리를 통한 뿌리가 무성하게 자라나는 것—의식적으로 조절하여 따르게 된다. 또한 무의식이 여기서 함께 영향을 미칠 때, 자아는 어느 정도 조절력을 위임받는다. 이러한 과정을 거쳐 완성된 그림을 실명함으로써 결국 의식회된 자아를 가진다.

불안과 공격성의 극복

그러나 자아를 약하게 하는 퇴행 때문에 애도자의 깊은 곳에 있는 불안들이 활성화되는 경우가 자주 있다. 또한 드러나지 않는 공격성도 불안의 형태로 드러날 수 있다. 불안과 공격성은 자식을 자살로 잃어버리게 되는 경우에 그 상실작업에서 분명하게 드러난다. 끔찍했던 내용들은 오히려 방어라는 다른 형태로서—Freud 학파의 관점에서—그림의 부호 공간에서 표현될 수 있기 때문에, 그림을 그리는 것은 그러한 불안 내용과 위협적으로 경험한 공격성을 다루는 데 특히 훌륭한 역할을 한다.[20)]

우리가 그림을 그리는 동안 퇴행과정에 이르고 우리를 그 상태로 내버려 둔다면 불안의 어떤 형태가 활성화되는가?

간단히 요약하면 다음과 같다. 아직 자아와 비자아 간의 충분한 분화가 이루어질 수 없는 유아기에 뿌리를 두고 있는 불안 상황들은 나중에 포기불안과 심한 분리불안(대상-상실 불안)을 야기한다. 불안과 공격성을 극복하는 데는 애도자가 심한 상실에 빠지게 되는 퇴행의 정도가 항상 문제다. 그렇기 때문에 불안과 공격성에 대면하기 위해서 퇴행에 자신을 넘겨 줄 수 있었던 H 여성과 U 여성처럼, 비교적 안정되고 응집력 있는 자아 콤플렉스가 필요하다. 말하자면 안정과 응집력의 그릇이 되는 자발적으로 그려진 그림을 통하여, 이러한 불안은 다시 활성화되고 해결로 나아간다. 두 여성은 자식을 잃게 됨으로써 그들 자신의 유아기 단계로 퇴행하였고, 그곳에서 비교적 안정된 자아와 연결될 수 있었으며—초기장애가 있는 사람처럼—초기의 포기불안과 분리불안으로 내던져진 것이 아니라고 생각할 수 있다. 그들은 그렇게 함으로써 Neumann[21)]의 말처럼 치유적이고 원형적 그림이 생성되는 안정된 자아-자기 축으로 되돌아갈 수 있다. 따라서 그림을 그리는 과정에 자신을 맡길 수 있는 것은 Marion Milner가 언급한 것처럼 다분히 위험성이 도사린 모험이 될 수 있다. 그녀는 이러한 모험에 자신을 맡겼으며, 자신의 경험에 근거하였다. 그리고 그림을 그리는 과정이 내면 깊은 곳에 있는 불안들과 어떻게 대면할 수 있는가를 전하고 있다. "……그렇지만 색을 체험함으로써, 이러한 비약에서 예견된 위험들은 불안과 상관이 있었고 끝 모르는 고통과 연결되었으며, 그렇게 함으로써 고통의 바다에서 떠오르는 불안과 하나가 된다는 것을 나중에야 분명하게 알 수 있었다."[22)]

그림을 그리는 사람이 자신의 불안들을 그림으로 표현할 수 있을 때, 그에게 무슨 일이 일어나며 그림으로 표현된 불안에 어떤 일이 일어나는가?

불안이 그림에 다루어짐으로써 형태를 찾게 되고, 또 그림을 그리는 사람은 조형과정을 통하여 불안에 형태를 부여하며 현실화한다. 이러한 작업은 무엇보다 일시적으로, 적어도 그림을 그리는 과정 동안만이라도 불안을 잊게 한다. 그것은 그림을 그리는 동안 불안이 아닌 조형화 과정이 군림하기 때문이다. 예를 들어, 미분화된 위협적인 검은 괴물이 갑작스럽게 얼굴을 가지게 된다거나, 더럽고 검은색의 구정물 웅덩이로 표현되던 우울감이 윤곽을 가지게 된다. 이와 같은 사례로 H 여성은 절벽을 그려놓고, 마지막 있는 힘을 다하여 자신이 그 절벽에 매달려 있음으로써 심리적 붕괴에 대한 불안을 표현하였다. 그러면서도 이러한 상징을 발견함으로써 이미 보완적 출발을 볼 수 있는데, 예를 들어 네 개의 돌로 위협에 대항하여 자신을 방어하려 하였다. 이러한 순간에 나타날 수 있는 변화의 가능성들과 그와 관련된 불안 내용을 일시적으로 극복할 수 있는 것은 그 자체로 이미 치유적 효과를 지닌다.

이미 언급하였듯이, 무의식에서 자아를 습격하는 불안충동과 공격충동을 극복하기 위해서는, 이러한 정동의 습격과 위협적인 정서들을 견딜 수 있는 일정 정도의 응집적 자아 및 그에 해당하는 '자아 콤플렉스'[23]가 필요하다. 한 인간에게 자아발달이 충분하게 이루어지지 않았다면, 자아는 정신적 외상의 불안이나 범람하는 파괴적 공격 에너지에 압도되거나 굴복하게 된다. 그림을 그리는 과정 동안 불안이나 공격이 조종을 하게 되면, 계속적인 창조적 작업은 더 이상 이루어질 수 없으며 조형화 과정은 파괴된다. 그러나 그림을 그리는 시점에서 그러한 불안의 범람에 조금 성숙된 자아 조직체가 대항할 수 있다면, 의식적인 그림그리기를 통하여 불안은 완화될 수 있다. 다른 한편으로는 억압되어 있던 공격성이 그림이라는 보호 공간에서 직접적인 표현 가능성을 얻게 된다.[24]

그림에서는 불안의 대상들이 상상했던 것보다 훨씬 덜 드라마틱하게 그려진다는 것을 자주 관찰할 수 있다. '추적자의 손'은 그림에서는 약하게 보이며, 두려움에 떨게 하던 사람의 얼굴은 하찮게 보인다. 현실적으로 불안을 구체화하여 그리는 동안 불안 내용이 바뀌고 그림으로 불안이 다소 약화된다. 이러한 그림그리기는 그러한 불안을 강하게 통제하고 자아를 강화하면서 더 안전감을 느끼게 하며 방어를 하찮은 것으로 만든다.

시범행위로서 그림그리기

조형과정에서 보면, 자아가 안정되는 것과 장래의 세계관계는 이미 앞 단계에서 '시범적으로' 행해질 수 있다. 이는 H 여성이 아들이 죽은 지 3개월이 지난 후에 그린 두 번째 그림인 「다리」(p. 38)"에서 볼 수 있다. 비록 일상의 생활에서는 그녀가 말하듯이 아직 목적 없이 우왕좌왕 서성거리고 있지만, 그림에서는 오른쪽으로 방향을 돌렸는데, 이는 이미 미래 방향[25]을 먼저 시도하는 것에 해당한다. 나의 견해로는 그림을 통하여 얻어진 자기 자신과의 만남은 다른 형태의 치료보다 더 강하게 자기만의 행동을 하도록 장려한다. H 여성은 그림을 그리면서 창조적인 면에서 활동적이 되었으며, 그로 인하여 그녀의 구조적 능력이 촉구되고 장려되었다. 무의식에서 위협적으로 체험하였던 내용들은 그림을 그리면서 구조화되고 정돈되는 힘에 굴복하게 되었다. H 여성은 그림을 그리면서 내면에서부터 자신이 어느 방향으로—다리 위에서 서성거리는 그림을 그리는 동안—가야 할지 분명히 결정해야 된다는 것을 느꼈다. 즉, 그림 상징에서 퇴행-과거와 관계된 방향인 왼쪽으로 가야 할지, 아니면 전진-미래의 방향인 오른쪽으로 가야 할지에 대한 결정을 내려야 된다고 느꼈다. 예를 들면, 그녀는 그림에 야누스의 두상, 즉 양면성을 줄 수 있었다. Janssen과 의견이 일치하는 Müller-Braunschweig에 의하면, 미술치료에서 위험하게 체험했던 충동—여기에서는 퇴행 쪽으로의 소용돌이—들은 시각적인 그림에 시범적으로 옮겨질 수 있다. '그림의 질서와 완성된 그림에 대한 피드백'은 자아에게 이러한 위험한 충동들을 통제하고 그것의 재통합을 용이하게 한다. 치료 상황에서 그리는 그림들은 다른 비언어적 치료 형태와 같이 '자아에 더 적합하고 문제를 해결하는 표현 형태'를 제시하며, 그로 인하여 나타난 불안과 긴장에 직접적으로 대면함으로써 문제들을 완화할 수 있다.[26] 여기에 또한 그림을 그리는 것의 전진적 관점이 강조된다. 그림을 그려 조직적이고 정돈하는 자신의 힘을 경험함으로써 우리의 자아는 강해진다. 그로 인하여 우리는 종이 위에서만이 아니라 일상생활의 활동 능력도 많아지고, Kramer가 강조하듯이 예술적 성취를 통하여 갈등이 직접적으로 해결될 수는 없다 하더라도 그러한 힘이 생긴다.[27]

이처럼 자아의 조직적 능력을 치료적 목적으로 적용하는 것은 중요하고도 당연한 일이다. 우리는 어려운 상황에 처하게 되면 그것을 할 수 있다. 예견 능력은 나의 견해로는 자아기능에 속한다. 여기에 우리는 행동치료, 특히 인지행동치료를 대용할 수 있다. 내담자들에게 문제 상황에서 성공적으로 행동할 것 같은 판타지를 그리도록 요청할 수 있다. 내담자는 이러한 방식으로 이제까지는 일상에서 성공하지 못하고 중단되었던 행동양식을 성취할 계획을 개발한다. 성공적인 행동양식을 위한 계획들은 실패한 과정 때문에 불안으로 채워진 상상의 자리에 나타난다. 그러한 계획은 그림을 그리는 데서 이루어진다. 내담자가 어려운 상황을 극복하도록 하기 위하여 예를 들어 일종의 '만화', 즉 순서가 있는 그림을 그리도록 요구하는 경우가 있는데, 여기에서 갈등 내용들을 여러 단계와 방법으로 시도하게 된다. 수술하는 것을 무서워하는 아이들에게 수술 전 과정과 퇴원과정까지 그리게 하여, 긍정적인 해결책을 더 분명하게 예견할 수 있는 방법을 제시함으로써 어린이들의 불안을 사라지게 할 수 있다.[28] 여기에서 분명해지는 것은 그림에서 우리가 시범행위의 발단으로 이해할 수 있는 짓누르는 경험들도 거리를 두게 된다는 것이다.

죄책감 극복의 그림그리기

애도자, 특히 자식의 자살을 경험한 애도자들은 자주 심각한 죄책감에 시달린다. 애도연구에서 관찰될 수 있는 것으로, 한 사람의 죽음을 이해할 수 없을수록—이것은 항상 '예측할 수 없는 죽음'과 관계되는 사례인데—더 죄책감에 시달리게 된다. H 여성과 U 여성은 애도과정의 첫 단계에서 무엇보다 그들이 좋은 어머니가 아니었으며, 어머니로서 거부당했다는 생각을 갖게 되었다. 다행스럽게도 이 두 사람은 위기자아에 의하여 '일차적 죄책감'이 있는 곳과[29] 자살에 의하여 죄책감이 활성화되는 곳에서 발견되는 파괴의식까지 이르지는 않았다.[30] 잘 알려진 바처럼 상실 극복을 더 어렵게 한 초기 거부 및 초기 죄의식이 있었는지, 혹은 H와 U 여성이 체험했던 것처럼 거부되었다는 느낌이 주도적이었는지는 창조적 인간에게 있는 고유한 창조적 잠재력과 대비가 되었는지에 달려 있다. 어린이들과 작업을 한 사람이라면, 어린이들이 스스로 느낀 죄책감을 그림을 통하여 얼마나 잘 회복할 수 있는지를 안다. 근본적으로 성인들도 그와 많이 다르지 않다는 것을 인정할 수 있는데, 특히 그들이 바로 퇴행과정에 있을 때 잘 드러난다. 예를 들어, U 여성이 그린 「하얀 아네모네」(p. 104)그림에서 이것을 잘 볼 수 있는데, 그녀는 이 그림을 죽은 딸의 생일에 '선물한다'. 이러한 시도는 상징적이며 내적으로 매우 치유적인 과정이다. 이러한 관점에서 두 그림 시리즈(U 여성과 H 여성)는 전체적으로 죽은 자식들에 대한 '보상 태도'로 이해할 수 있다. 그들은 그림을 그림으로써 자기 자신을 주게 된다. 동시에 그들은 우선적으로 자기 자신에게 그림을 선물한다. 성인의 죄책감은 상황에 따라서는 어린 시절에 뿌리를 두는데— 이것은 대부분 성인이 불분명하게 느끼는 죄책감의 경우로, 말로는 전달할 수 없는 그런 감정이며, 설명할 수도 없고 이름도 없는—자기 자신에 대한 책임으로 이해될 수도 있다. 인간은 자신에게 잠재되어 있으면서도 활성화되지 않고 내적으로만 있는 그런 가능성을 분출하지 못함으로써 스스로 어떤 죄가 있다고 느낀다. 또한 그렇게 함으로써 죄의식을 느끼게 된다. 그런 점에 있어서 바로 그림 혹은 창조적 조형의 전반적인 것이 자신에 대한 회복으로 이해될 수 있다. 인간은 죄가 있다는 느낌을 전체성에 관계되는 창조력으로 맞서기 위해 자신이 가진 가장 좋은 것,

즉 자기 고유의 창조적 능력과 가능성에 접하게 된다. 이러한 점은 H와 U 여성에게 아주 인상적으로 맞아떨어진다. 두 사람은 자신들이 이제까지의 생활, 즉 남편과 자식들만을 위해서 헌신하였던 생활이 자기들의 책임이라는 생각에 사로잡혀 있었다. 그림을 그림으로써 그들은 자신들의 잠재성과 상징들을 발견하였으며, 이제까지 경험하지 못했던 자기를 지속적으로 실현해 나가는 삶에 자극을 받았다.

재치유와 재통합의 그림그리기

죄책감 극복에 해당하는 복구와 회복의 노력은 다른 맥락에서도 발견된다. H 여성과 U 여성의 그림 시리즈 여러 곳에서 보았듯이, 이것은 그림을 통하여 자신을 다시 완전하게 하며 치유되고 치유하는 시도에 해당한다. H 여성은 아들이 죽은 후에 사지가 절단된 것처럼 느꼈다. 그녀는 나와의 대화에서 적어도 그림을 그리는 동안에는 '전체적 인간' 으로서 그곳에 존재한다는 느낌, 즉 여전히 실존한다는 느낌을 가졌다고 말했다. 그녀의 정신적 상황은 신체가 절단된 상태와 같았다. 그녀는 애도과정에서 오랫동안 다리가 절단된 자신을 그렸는데, 이는 바로 퇴행과정이며 그 당시 자신이 처한 상황을 분명하게 보여 준 것이다.

이러한 맥락에서 Niederland[31)]는 그림을 그리는 것의 보수 혹은 보상 기능과 그림의 미적 구성에 대한 관점을 언급한다. 이 분석가는 많은 사례들을 통하여 '아름다운' 조형이 깊이 박혀 있는 자기애 상처를 극복하는 것을 도울 수 있는 방법을 제시한다. 그러나 그는 무엇보다 예술적 재능이 있는 사람이나 명성이 있는 예술가와 연결시킨다.

여기에서 보상적 기능은 예술 작품 및 조형을 통하여 이룩할 수 있는 것들로만 인정받는 것이 아니다. 그 외에도 조형을 통하여 부족한 신체상이나 다르게 느껴진 열등성을 판타지에서 완화할 수 있다. 그런 점에서 그림을 그리는 것은 보수적 기능을 얻는다. 여기에서는 관객에게 인정을 받을 필요가 없는 그런 기능이다. 예를 들어, Menzel의 환상적인 무도회 장면은 예술가 자신이 발육부진이었으며, 자신이 그린 궁정생활에는 한 번도 참여할 수 없었다는 것을 안다면 완전히 새로운 차원을 얻게 된다. 또한 신체적 결함도 예술적 성취와 작품으로 보상될 수 있다. 예를 들어, 화가 Toulouse-Lautrec도 자신의 신체적 결함과 상황을 창조적 능력을 통해서만 접근할 수 있는 경마 장면이나 파리의 밤세계를 그림으로써 해소하고자 하였다. 그는 예술가 자신이 갖지 못한 아름다움을 자신이 작업에서 나타냈으며, 그것으로 자신의 결함을 극복하려고 하였다. Niederland는 환자들이 창조적 활동을 하는 동안 그들의 주체적 신체-자아감이나 신체-자아인지가 분명히 변화했다고 보고한 것에 대해 언급한다. '작고' '불안한' '수축된' '공허한' '고무 같은' '난쟁이 같은' '비어 있는' 느낌을 가졌던 환자들은 이러한 실패감을 창조적 활동을 하는 동안 알게 되며, 그러한 과정에서 '전체적' '강한' '완전한 힘과 건강' 하게 되는 자신을 인식한다."[32] 청소년기에 교통사고를 당하여 일생 동안 장애인으로 살았던 멕시코의 현대 여류화가인 Frida Kahlo는, 그녀의 전 작품에서 교통사고에 대한 가혹한 묘사를 하는 것 외에도—예를 들어, 여러 번 부서진 척추—그림을 통하여 항상 자신의 신체상을 복구하려고 하였다. 여기에서 그녀는 놀랍게도 대극의 합일에 이르게 된다. 예를 들어, 그녀는 한 그림에 두 명의 Frida, 즉 망가진 Frida와 치유된 Frida가 양편에 있는 그림을 그렸으며—Frida는 '원초적 어머니인 풍경'에 뿌리를 내리게 되는—상징화에 이르게 된다.

그러나 근본적으로 신체-자아의 회복에 기여하는 이러한 노력은 많은 경우에 실패를 경험하게 된다. 이 때문에, '……그러한 완전히 무의식적인 회복 노력은 오랜 기간 연장될 수 있거나, 소모적이고 자주 병적 흥분으로 채색된 창조적 활동이라는 광적 분출로 상승될 수 있다. 분석적으로 표현한다면, 이것은 마술적, 예술적 성취가 내적으로 투사된 회복과정을 통한, 재탄생에 대한 무의식적 소망으로 이해될 수 있다.'[33)]

창조적 활동에 따라 장기화된 불완전하고 허약한 감정들이 항상 되돌아오는 것은 아니기 때문에, 이 책에서 소개한 그림 시리즈에서 표현되었던 것과 같이 상징 그림의 형식에서 판타지의 초월을 표현하는 것이 필요하다. 가까이 있던 사람을 상실하게 되면서 창조를 통해 자신을 보수하는 경향은 Niederland의 보고에 의해 더욱 분명해진다. "죽음의 수수께끼, 다소 양가적 감정으로 사랑하였던 대상의 갑작스러운 죽음, 예를 들어 어린 시절에 아버지, 어머니나 형제의 죽음은 판타지와 재건을 위한 노력에 강력한 자극을 줄 수 있는 것으로 보인다." Niederland는 예술과 학문의 위대한 작품은 자주 사랑하던 사람을 잃게 됨으로써 이루어진다는 것을 사례들을 통하여 증명한다.[34)]

"병은 전체 창조 욕구의
마지막 이유였다.
창작으로 나는 회복할 수 있었다.
창작으로 나는 건강하게 되었다."

Heinrich Heine는 이렇게 쓰고 있다.

대극의 통합을 통한 자주성 발달

인간에게는 자신의 세계와 자신의 반대편에서 인지하고 체험하도록 하는 것이 부여되었다. 우리는 낮과 밤, 하늘과 땅, 위와 아래, 검정과 흰색, 삶과 죽음, 사랑과 미움, 슬픔과 기쁨 등을 알고 있다. 이것은 우리에게 긴장의 존재를 증명해 준다. 우리 인간성의 발전, 우리의 개별화(Jung)는 반대의 긴장을 견디어 내고 그것을 통합하려는 노력에서 완성된다. 반대되는 것과 살 수 있으며 그것들을 견디어 내고 통합하는 능력은, '이것이나 저것' 이라고 불리는 것뿐만 아니라 '이것과 저것' 에 있는 생활태도에서 보여 준다. 발달심리학적으로 이러한 능력은 어머니를 '좋으면서도 나쁜' 대상으로 볼 수 있는 어린이의 경험과 인식에 근거한다.

내적, 외적 세계의 모든 모순되는 것을 포괄적으로 통합하는 것은 만다라의 상징 그림에서 이루어지는데, 이 그려진 만다라는 그것의 통합적 기능을 우리에게 되돌려 준다. Jung[35)]은 이러한 사실을 용의주도하게 시도하였다. 원래 종교사에서 티베트 불교의 엄격하게 중심화되고 정돈된 명상 그림으로 알려진 '만다라'는 자주 중심과 하늘의 네 방향을 가진 우주의 그림으로 묘사된다.

Jung의 관찰에 의하면, 현대 서구인들은 그와 비교되는 방향설정의 그림과 그러한 정돈된 그림을 자발적으로 그린다. 특히, 인생의 과도기, 발달 손상과 상실 경험으로 내적 혼돈을 극복하고자 할 때 만다라를 그린다. 그려진 만다라 그림들은 인간에게 자신을 발견하고 자신에게 집중하고 자신을 붙잡으며, 자신을 전체로서 경험하고 긴장에서 자신을 견디어 내고 모순을 통합할 수 있도록 도와준다.

만다라는 우리 안에 있는 고유성에 말을 걸고, 그것을 통해 '너 자신이 되라.'는 우리의 바람에 말을 건다. 이는 내적 압력과 외적 압력으로부터 최대한 독립적으로 되는 것을 의미하며 우리에게 중심을 제시해 준다. "인간에게 '전체'가 문제될 때, 인간은 분명히 항상 그러한 상징에 이르게 된다. 이러한 전체는 모든 단일한 것으로—일상생활에서는 서로 모순이 되는 것들이—정돈되어, 감정과 눈은 중앙과 중심이 있다는 것을 증명하게 되고 그 안에서는 모순과 갈등이 동시에 발견된다. 이러한 형상화에서 의미를 부여할 수 있으며 화해하는 작용이 일어난다."[36] 커다란 내적 소요와 자신이 와해될 위기에 있거나 심한 고통의 압력에 시달리고 있는 사람들, 예를 들어 사랑하던 사람을 잃게 된 사람들이 만다라를 그리려는 경향을 보이는 것은 놀라운 일이 아니다. 인간은 살아가면서 타인의 죽음을 경험함으로써 자신의 존재 깊은 곳에 있는 죽음에 대해서 묻지 않을 수 없게 되며, 애도과정을 통하여 자신에게 실존적 경험, 즉 죽음 안에서의 삶과 삶에서의 죽음이 있다는 경험을 더

실감하게 된다. 이것은 통합적 경험이면서도 고통과 슬픔의 비싼 대가를 치르고 받아들여야 하는 것이다. 통합적 애도과정이 이루어지지 않으면 병리적 애도작업에 이르게 되어, 정서적으로 살아 있는 애도작업과는 반대가 되는 우울증으로 옮겨지게 된다. 그렇게 되면 삶과 죽음의 대비는 인간의 정신에서 이전보다 더 확대되어 분열된다.

만다라 그림과 그림을 그리는 것 자체는 대극 통합의 능력을 장려하고 지지하며, 개인의 자발성 과정을 촉진시키는 상실 체험의 내적 통합 능력도—모든 치료에서 가장 상위의 의미를 지니는 과정—장려하고 지지한다.

요약하면, 무엇보다 그림을 그리는 것은 자기창조와 자기조형의 행위를 나타내기 때문에 치료제가 된다.[37] 인간은 일차적으로—특히, 애도에서—자신을 잃을 수 있으며, 조형 활동에서 단절된 관계에 시달린다. 나는 여기에서 자기창조를 단어 그 자체로 이해한다. 그림을 그리는 사람은 그림을 통하여 자신의 잠재적 능력과 재능, 창조적 해결에서, 자신의 기반에서 창주성을 발휘한다. 이것은 특히 사랑하던 사람을 잃게 되었을 때, 그러한 상실로 인해 자기 정체성에 충격이 따를 수 있기 때문에 아주 중요하다. 상실에 대한 창조적 작업을 통하여, 그림을 통한 자기창조의 행위에서 정체성은 다시 새롭게 형성되고, 새롭게 기반을 세울 수 있다.

상실 체험에서 창조적 작업으로 그려진 그림의 치료적 효과는 무엇보다 다음의 요인들에 의거한다.

- **그려진 그림을 통한 자기 자신과의 만남** 그림은 한편으로

는 내적 심상을 위한 투사로서, 다른 한편으로는 '연장된 자기' 로서 이해된다. 상실 후에 얻게 되는 두 경험은 근원적인 의미를 가진다.

- 불안과 공격성의 극복 　이는 불안과 공격성을 그림으로 그리는 경험과 그림을 통한 투사 가능성에 근거한다. 이를 통하여 한편으로는 직접적인 위협, 바로 사랑하던 사람을 잃고 난 후에 경험하게 되는 그러한 위협이 완화될 수 있다. 그뿐 아니라 그림을 그리면서 정서적 해소행위인 카타르시스가 일어난다.
- 그림의 시범적 행위 　그림을 그리면서 실제 생활에서 아직 실행 가능하지 않는 것을 상징적으로 표현할 수 있다. 이것은 실제적 행동으로 옮기는 방법을 쉽게 열어 준다. 애도과정 동안 그림에서 시도한 행위는 자신이 세상에서 다시 방향을 잡으려고 할 때 강하게 나타난다. 또한 잃어버린 사람과 자신을 완전히 분리하거나 새로운 방향설정 전에 있어야 하는 이러한 시범적 행위는 그림에서 이미 실험적으로 도달할 수 있다.
- 회복으로서의 그림 　예를 들어, 죄책감을 극복하기 위하여 그림이 그려지고 그러한 상황에 처한, 죄책감에 빠진 사람이 죽은 자에게 그림을 그려 선물하는 경우가 해당된다. 이는 사람이 죽었어도 가능하다.
- 통합기능으로서의 회복 시도 　심리적, 신체적 상실에서 중요한 통합기능으로 이해될 수 있는 회복 시도로서의 그림이다. 그림에서 잃어버린 전체를 상징적으로 다시 회복하게 되는 시도가 이루어지는데, 예를 들어 완전한 신체상을 그리는 것이다.

그림을 그리는 사람은 자신의 자발성이 발전하는 작업을 한다. 이는 죽은 자 혹은 이혼한 자와 함께 가졌던 '관계 자기' 안에 얽혀 있는 상태에서 그 자신을 점차적으로 풀어 주는 작업이다. 그는 그림을 통하여 시도하는 자, 창조자, 창의자로서 자신을 경험하며 자신의 고유한 상징화 능력, 즉 심리내적으로 대립되는 것을 극복하도록 돕는 상징화 능력을 경험하여 확실한 자립감을 획득한다. 그가 사용한 자원들은 그려진 그림을 통하여 볼 수 있고 경험할 수 있게 된다. 이러한 배경에서 나는 이 책이 창조적 조형의 심리학과 죽음이나 이별의 상실 경험을 극복하는 데 적용할 수 있다고 본다. 또한 이 책은 치료적 맥락뿐만 아니라 자발적 자기치료 및 자기조형의 의미에서, 그림 시리즈의 사례에서 보여 준 것과 같이 모든 사람들에게도 도움을 줄 수 있다고 본다.

주

사별 극복을 위한 자발적 그림그리기 사례

1) Schmeer, 1992 참조
2) Riedel, 1983, 1985, 1988, 1992
3) Jacobi, 1981
4) 이에 대한 이론적 근거로는 앞에서 설명한 Verena Kast(1982)의 애도과정의 네 단계 모델에 의거하며, Yorick Spiegel(1989), Colin M. Parkes(1978), John Bolwby(1983)의 애도과정에 대한 연구결과를 보완한다.
5) Kast, 1982, S. 62ff
6) Bowlby, 1987, S. 206ff
7) Kast, 1990, S. 144ff
8) 비교, Jung, 1934, S. 39; Riedel, 1988, S. 24ff
9) 비교, Egger, 1984
10) Kast, 1982, S. 61ff
11) Jung, 1934, S. 39f; Riedel, 1988, S. 24ff
12) Riedel, 1983
13) Jacobi, 1981, S. 88ff; Riedel, 1983, S. 48ff u. S. 100ff
14) Riedel, 1988
15) Riederl, 1985, S. 69f
16) Riedel, Formen, 2001 재편
17) Kast, 1990, S. 119
18) Kast, 1982, S. 62ff
19) Parkes, 1978, S. 22ff
20) Kast, 1982, S. 71ff; Parkes, 1978, S. 106ff; Spiegel, 1989, S. 75ff; Bowlby, 1987, S. 124ff

21) Kast; 1982

22) Yorick도 한 인간이 죽은 자와 관계된 것의 관점에서 합일과정과 대리과정을 비슷하게 묘사한다.

23) H 여성은 감정이 분출하는 단계에서 '자아기능에서의 퇴행'(Kris, 1952)을 경험하였다. 이것은 단순히 심리적 조직체가 와해되는 것보다, 과거의 극복기제로 돌아가는 것보다 더 많은 것을 의미하는 퇴행이다. 우리는 이를 애도 반응으로 이해할 수 있는데, Yorick Spiegel도 이에 대해 퇴행의 '낮은 극복기제'를 통과함으로써 새로운 조직화와 새로운 관계를 세울 수 있는 출구를 발견할 수 있다고 서술한다(Spiegel, 1989, S. 163ff).

24) Kast, 1994

25) 비교, Jung, 1945b, S. 282, 그림 22

26) 비교, Kast에 의한 애도과정을 종결하는 애도과정의 네 번째 단계, 1982, S. 71ff

27) Bach, 1966, S. 16; Riedel, 1988, S. 24ff

28) Kast, 1982, S. 61ff

29) 상동, S. 62ff

30) Riedel, 1983, S. 16ff

31) Spiegel은 적응력 있는 극복기제는 퇴행에서 성공적으로 적응력 있는 극복조직으로 넘어가는 것이라고 하는데, 여기에서 자기애적인 것은 대상-리비도의 방어기제에 따라 점차 포기될 수 있다(Spiegel, 1989, S. 163ff).

32) 비교, Parkes, 1978, S. 121f

33) 비교, spiegel, 1989, S. 277ff

34) 성공적인 애도작업의 네 번째 단계는 모든 저자들이 비슷하게 말하고 있다. Kast는 '새로운 자기관계와 세계관계의 단계', Parkes는 '새로운 정체성의 구축', Spiegel은 '적응단계', Bowlby는 '재조직화 단계'로 명명한다.

35) 비교, Koch의 나무그림 검사, 1972

36) Jung, 1929, S. 364ff

37) Herder, 1978, S. 134

38) Schmeer, 1990

39) 비교, Herder, 1978, S. 134

40) Jacobi, 1981, S. 88; Riedel, 1999, S. 188ff

41) 비교, Kast, 1982, S. 63; Bowlby, 1987, S. 121

42) Jacobi, 1981, S. 94

43) Riedel, 1988, S. 187

44) 상동, S. 39f

45) Jung, 1921, S. 12
46) 비교, Riedel, 1985, S. 89ff
47) Riedel, 1988, S. 195ff; Jacobi, 1981, S. 95
48) Bowlby, 1987, S. 124ff
49) Spiegel, 1989, S. 75ff
50) Parkes, 1978, S. 106ff
51) Jung, 1929, S. 12
52) Kast, 1982, S. 71ff
53) Riedel, 1992, S. 109-130
54) Nelly Sachs, Fahrt ins Staublose, Frankfurt, 1961
55) Kübler-Ross, 1969
56) Kast, 1994, S. 91ff
57) Riedel, 1992, S. 109-130

치료제가 되는 그림그리기

1) 자발적 그림그리기에 대한 개별적 사례로 수많은 작가들을 들 수 있는데, 예를 들면 다음과 같다. Milner, 1988; Miller, 1985; Tomalin, 1989; Schauwecker, 1989; Kuiper, 1991
2) Max von Moos, in: Benedetti, 미출간 강연원고
3) Schottenloher, 1989, S. 55f.
4) Ehrenzweig, 1967, S. 17
5) Hearlin, 1987
6) Auchter, 1978, S. 74
7) Kast, 1982, S. 25
8) 상동, S. 70
9) Spiegel, 1989, S. 25
10) Brüschweiler, 1976, S. 21
11) 비교, Müller-Braunschweig, Benedetti, Niederland 등
12) Benedetti in Petzold, 1990, S. 321
13) 비교, Kohut in Auchter, 1978, S. 65
14) Müller-Braunschweig, 1977, S. 835

15) 비교, Niederland, 1969, S. 903f
16) Kast, 1982, S. 79ff
17) Jung, GW8, S. 106
18) 상동, S. 103
19) 상동, S. 104
20) Schottenloher, 1991; Kramer, 1991; Schmeer, 1992
21) Neumann, 1963
22) Milner, 1988, S. 45
23) Jung, 1907, S. 82f
24) 비교, Schmeer 그림 사례, 1992, S. 81ff
25) Riedel, 1988
26) Janssen, 1982, S. 544
27) 비교, Kramer, 1991, S. 194
28) Crowl, 1980
29) 비교, Neumann, 1963
30) Neumann의 일차적 죄책감: 자아발달에 있는 어린이는 어머니가 돌보지 않는 것을 아직 개인적으로 부당한 것으로가 아니라, 규칙에 의해서 만들어진 부정적 원소로 경험하게 된다. '좋다는 것은 어머니에게 사랑받는 것이며, 너의 어머니는 너를 사랑하지 않기 때문에 너는 나쁘다.' 자식을 거부하는 어머니는 아이에게 세상은 사랑스럽지 않다는 기본 감정뿐만 아니라, 자기 스스로 사랑을 받을 수 없다는 확신을 전달하게 된다. 이렇게 하여 어머니에 대한 개인적 인식은 어린이에게 '일종의 원죄'(ebd. S. 96)인 낙인을 찍어 주는 '최상급의 법원 판결'이 된다. 그렇기 때문에 그것은 나중에 성인에게서 그가 방어할 수 없는, 이름도 없고 근원도 알 수 없는 이러한 죄책감에 처음부터 묶여 있던 것처럼 보이게 한다. Neumann은 주된 결론으로 내성 결핍을 자기 자신에 반대되는 것으로 본다.
31) Niederland, 1969
32) 상동, S. 908
33) 상동, 1969, S. 907
34) 비교, 상동, S. 905f
35) Jung, 1938, S. 375ff
36) Riedel, 1985, S.100
37) Jung, 1969, S. 81

참고문헌

AUCHTER, Th., Die Suche nach dem Vorgestern. Trauer und Kreativität. In: Psyche 32, 1978.

BACH, S. Spontanes Malen schwerkranker Patienten. Ein Beitrag zur psychosomatischen Medizin. In: acta psychosomatica, Nr. 8, 1966.

BACHMANN, I. (1986), Malen als Lebensspur: Die Entwicklung kreativer bildlicher Darstellung. Abhandlung zur Erlangung der Doktorwürde der Phil. Fakultät I der Universität Zürich. (Inzwischen im Buchhandel erhältlich unter gleicgem Haupttitel bei Klett-Cotta).

BAER, U. (1999). Gefühlssterne, Angstfresser, Verwandlungsbilder. Kunst-und gestaltungstherapeutische Methoden und Modelle. Neukirchen-Vluyn: Affenkönig-Verlag.

BALINT, M. (1987), Regression. Therapeutische Aspekte und die Theorie der Grundstörung. München: Klett-Cotta (dtv).

BENEDETTI, G. (1975), Psychiatrische Aspekte des Schöpferischen und schöferische Aspekte der Psychiatrie. Göttingen: Vandenhoeck & Ruprecht.

ders., Schöpferische unbewußte Fähigkeit der Bewältigung des Leidens-der Patient als Künstler. Unveröffentlichtes Vortragsmanuskript.

BENEDETTI; G./PECICCIA, M., Die Funktion des Bildes in der gestaltenden Psychotherapie bei Psychosepatienten. In: Petzold,

H./Orth, I. (Hrsg.), Die neuen Kreativitästherapien...a.a.O., Band 1, 1990.

BOWLBY, J. (1987), Verlust. Trauer und Depression. Frankfurt a. M.: Fischer (Fischer-Taschenbuch).

BRICKENKAMP, R. (Hrsg.), (1975), Handbuch psychologischer und pädagogischer Tests. Guottingen: Hogrefe.

BRÜDERL, L. (1988), Theorien und Methoden der Bewältigungsforschung. Weinheim/München: Juventa.

BRÜSCHWEILER, J. (1976), Ein Maler vor Liebe und Tod. Ferdinand Hodler und Valentine Godé-Darel. Ein Werkzyklus 1908-1915. Ausstellungskatalog, Kunsthaus Zürich.

CROWL, M., Case study: The basic prozess of art therapy demonstrated by efforts to allay a childs fear of surgery. In: American Journal of Art Therapy, 1980.

DREIFUSS-KATTAN, E. (1986), Praxis der klinischen Kunsttherapie. Bern/Stuttgart/Toronto: H. Huber.

EGGER, B. (1984), Bilder verstehen. Wahrnehmung und Entwicklung der bildnerischen Sprache. Bern: Zytglogge.

EHRENZWEIG, A. (1967), Ordnung im Chaos. Das Unbewußte in der Kunst. München: Kindler 1974.

FREUD, A. (1936), Das Ich und die Abwehrmechanismen. Frankfurt a. M.: Fischer 1992 (Fischer-Taschenbuch).

FREUD, S. (1895), Primär- und Sekundärvorgang: Aus den Anfängen der Psychoanalyse. Briefe an W. Fliess, Abhandlungen und Notizen aus den Jahren 1887-1902. London: Imago Publishing Co., LTD.

ders., (1900), Die Traumdeutung. Studienasusgabe Bd. II, Frankfurt a. M.: Fischer 1972.

ders., Das Unbewußte. In: Gesammelte Werke aus den Jahren 1913-

1917, Frankfurt a. M.: Fischer, 5. Aufl., 1969.

ders., Zeitgemäßes über Krieg und Tod. In: Gesammelte Werke aus den...a.a.O.

ders., (1917 [1915]), Trauer und Melancholie. In: Psychologie des Unbenwuten, Studienausgabe Bd. III, Conditio humana, Frankfurt a. M.: Fischer 1975.

FILIPP, S. -H. (Hrsg.), (1990), Kritische Lebensereignisse. München: Psychologie Verlags Union.

GROEBEN, N./SCHEELE, B. (1977), Argumente für eine Psychologie des reflexiven Subjekts. Darmstadt: Steinkopff.

HALNREICH. U./ASSAEL, M./DRIEFUS, D., Premonition of Death in Painting. In: Conginia psychiatrica, 23, 1980.

HAMPE, R. (Hrsg.), (o.J.), Aurora II und das Pferd im 4. Stock. Zur klinischen Kunsttherapie und integrierten Psychosomatik. Bremen: Vertrieb: Druckschriftenlager der Universität Bremen (0313).

HERDER-LEXIKON (1978), Symbole. Freiburg/Basel/Wien: Herder.

JACOBI, J. (1981), Vom Bilderreich der Seele. Wege und Umwege zu sich selbst. Sonderausgabe, Olten; Walter.

JANSSEN, P. L., Psychoanalytisch orientierte Mal- und Musiktherapie im Rahmen stationärer Psychotherapie ... In: Psyche, 6, 1982.

JUNG, C. G. (1907), Über die Psychologie der Demencia Praecox. In: Psychogenese der Geisteskranken, GW 3, Olten: Walter, 1968, 3. Aufl. 1985.

ders. (1916), Die transzendente Funktion. In: Die Dynamik des Unbewußten, GW 8, Olten: Walter, 1967.

ders. (1930), Seelenprobleme der Gegenwart. Zürich/Stuttgart: Rascher, 1969.

ders. (1934), Zur Empirie des Individuationsprozesses. In: Jung, C. G., Mandala.

Bilder aus dem Unbewußten, Olten: Walter, 1977.

ders. (1935), Über die Archetypen des kollektiven Unbewußten. In: Die Archetypen und das kollektive Unbewubte, GW 9/I, Olten: Walter, 1976, 5. Aufl. 1989.

ders. (1938), Über Mandalasymbolik. In: Die Archetypen und das ... a.a.O.

ders. (1945a), Der philosophische Baum. In: Studien über alchemistische Vorstellungen, GW 13, Olten: Walter, 1978.

ders. (1945b), Erlösungsvorstellungen in der Alchemie. In: Psychologie und Alchemie, Grundwerk C. G. Jung, Bd. 6, Olten: Walter, 1895, 3. Aufl. 1989.

JUNG, C. G./WILHELM,. R. (1929), Das Geheimnis der goldenen Blüte. Zürich/Stuttgart: Rascher, 1938.

KAST, V. (1982), Trauen. Phasen und Chancen des psychischen Prozesses. Stuttgart: Kreuz.

dies. (1983), Mann und Frau im Märchen. Eine psychologische Deutung. Olten: Walter dies. (1990), Die Dynamik der Symbole. Grundlagen der Jungschen Psychotherapie. Olten: Walter.

dies. (1994), Sich einlassen und loslassen. Neue Lebensmöglichkeiten bei Trauer und Trennung. Freiburg.

dies. (1991), Loslassen und sich selber finden. Die Ablösung von den Kindern. Freiburg/Basel/Wien: Herder.

dies. (1994) Sich einlassen und loslassen. Neue Lebensmöglichkeiten bei Trauer und Trennung, S. 91ff.

KAST,. V./BARZ, H./NAGER, F. (1986), Heilung und Wandlung. C. G. Jung und die Medizen. Zürich/München: Artemis.

KLEIN, M. (1931), Frühe Angstsituationen im Spiegel künstlerischer Darstellungen. In: Internat. Zeitschrift für Psychoanalyse, Bd. X VII, Leipzig/Wien.

dies., Das Seeleleben des Kleinkindes und andere Beiträge zur Psychoanalyse. Reinbek bei Hamburg: Rowohlt (Rowohlt-Taschenbuch), 1972.

dies., Seelische Urkonflikte. Liebe, Haß und Schuldgefühl. München: Kindler 1974.

KOCH, K. (1972), Der Baum-Test. Bern/Stuttgart/Wien: Huber.

KRAFT, H. (1981), Objektverlust und Kreatibität- Eine Darstellung anhand Ferdinand Holders Werkzyklus über Valentine Godé-Darel. In: Zeitschrift psychosomatischer Medizin, 27.

KRAMER, E. (1991). Kunst als Therapie mit Kindern. München./Basel: E. Reinhardt, 3. neugestaltete Aufl.

KRAPP, M., Gestaltungstherapie als Beitrag zur Psychotherapie psychotischer Patienten. In: Analytische Psychologie, Vol. 20, 1989.

KRIS, E. (1952), Die ästhetische Illusion. Phänomene der Kunst in der Sicht der Psychoanaylse. Frankfurt a. M.: Suhrkamp, 1977.

KÜBLER-ROSS, E. (1970), On Death and Dying. New York 1969 (Deutsche Ausgabe: Interviews mit Sterbenden, Stuttgart).

KUIPER, P. C., Die psychoanalytische Biographie schöpferischen Persönlichkeit. In: Psyche, 20, 1966.

ders. (1991), Seelenfinsternis. Die Depression eines Psychiaters. Frankfurt a. M.: Fischer LANDAU, E. (1969), Psychologie der Kreativität. München/Basel: E. Reinhardt.

LAPLANCHE, J./PONTALIS, J. -B. (1989), Das Vokabular der Psychoanalyse, Frankfurt a. M.: Suhrkamp, (Suhrkamp-Taschenbuch), 9. Aufl.

MAHLER, M./PINE, F./BERGMAN, A. (1982), Die psychische Geburt des Menschen. Symbiose und Individuation. Frankfurt a. M.: Fischer (Fischer- Taschenbuch).

MATUSSEK, P. (1974), Kreativität als Chance. München/Zürich: Piper &

Co.

MENTZOS, St. (1984), Neurotische Konfliktbearbeitung. Einführung in die psychoanalytische Neurosenlehre unter Berücksichtigung neuer Perspektiven. Frankfurt a. M.: Fischer (Fischer-Taschenbuch).

MEMZEN, K. -H., Zur Situation der Kunsttherapie in der Bundesrepublik Deutschland. In: Integrative Therapie. Zeitschrift für Verfahren Humanistischer Psychologie und Pädagogik, Heft 1-2, 1990.

MILLER, A. (1985), Bilder einer Kindheit. Frankfurt a. M.: Suhrkamp (Suhrkamp-Taschenbuch).

MILNER, M. (1988), Zeichnen und Malen ohne Scheu: Ein Weg zur kreativen Befreiung. Köln: DuMont.

MÜLLER-BRAUNSCHWEIG, H., Psychopathologie und Kreativität. In: Psyche, 28, 1974.

ders., Aspekte einer psychoanalytischen Kreativitätscheorie. In: Psyche, 31 1977.

MÜNSTEBERGER, W. (1967), Der schöpgerische Vorgang. Seine Beziehung zu Objektverlust und Fetischismus. In: Jahrbuch der Psychoanalyse, Bd. IV, Bern/Stuttgart: Huber.

NAUMBURG, M. (1966), Dynamically oriented art therapy. Its principles and practice. New York: Grune & Stratton.

NEUMANN, E. (1963), Das Kind. Struktur und Dynamik der werdenden Persönlichkeit. Zürich: Rheinverlag.

NIEDERLAND, W. G., Klinische Aspekte der Kreativitat. In: Psyche, 12, 1969.

NOY, P., A. Revision of the Psychoanalatic Theory of the Primary Process. In: The Intern. Journal of Psycho-Analysis, Vol. 50, London 1969.

PARKES, C. M. (1978), Vereinsamung. Die Lebenskrise bei Partnerverlust. Psychologisch-soziologische Untersuchung des Trauerbergaltens. Reinbek bei Hamburg: Rowohlt.

PETZOLD, H./ORTH, I. (Hrsg.), (1990), Die neuen Kreativitätstherapien. Handbuch der Kunsttherapie. Bd. I und II, Paderborn: Junfermann.

PRINZHORN, H. (1923), Bildnerei der Geisteskranken. Ein Beitrag zur Psychologies und Psychopathologie der Gestaltung. Berlin: Springer.

REICHELT, S. (1996), Verstehen, was Kinder sagen wollen. stuttgart, Kreuz.

REITER, A., Ernst Kirchner - Psychoanalytische Perspektiven der Psychoökonomie seines künstlerischen Schaffens. In: Confinia psychiatrica, 23, 1980.

RIEDEL, I. (1983), Farben. In Religion, Gesellschaft, Kunst und Psychotherapie. Stuttgart: Kreuz.

dies. (1985), Formen. Kreis, Kreuz, Dreieck, Quadrat, Spirale. Stuttgart: Kreuz. Neufassung, 2001.

dies. (1988), Bilder. In Therapie, Kunst und Religion. Stuttgart: Kreuz.

dies. (1992), Maltherapie. Eine Einführung auf der Basis der Analytischen Psychologie von C. G. Jung. Stuttgart: Kreuz.

RUBIN, J. A. (Hrsg.), (1991), Richtungen und Ansätze der Kunsttherapie. Theorie und Praxis. Karlsruhe: Gerardi.

SINGER, W., Muse küßt Therapeuten - Sieben Reflexionen über Kunst und Therapie. In: Petzold, H./Orth, I., Die neuen ... a.a.O., Band I, 1990.

SPEIDEL, H., Freuds Symbolbegriff. In: Psyche, 8, 1977.

SPIEGEL, Y. (1989), Der Prozeß des Trauerns. Analyse und Beratung. München: Kaiser (Kaiser- Taschenbuch).

SCHMEER, G. (1990), Heilende Bäume. Baumbilder in der psychotherapeutischen Praxis. München: Pfeiffer.

dies. (1992), Das Ich im Bild. Ein psychodynamischer Ansatz in der Kunsttherapie. München: Pfeiffer.

SCHOTTENLOHER, G. (1989), Das therapeutische Potenzial spontanen bildnerischen Gestaltens unter besonderer Berücksichtigung körpertherapeuthischer Methoden. Abhandlung zur Erlangung der Doktorwürde der Phil. Fakultät I der Universität Zürich.

SCHUSTER, M. (1991), Kunstttherapie. Die heilende Kraft des Gestaltens. Köln: DuMont, 3. Aufl. (DoMont-Taschenbuch).

ders. (1992), Wodurch Bilder wirken. Psychologie der Kunst. Köln: DuMont. (DuMont-Taschenbuch).

STONE, B., Sequential graphic gestalt. In: Jakab, J. (Hrsg.), Transcultural aspects of psychiatric art., 4, 1975.

TOMALIN, E./SCHAUWECKER, P. (1989), Interaktionelle Kunst- und Gestaltungstherapie in der Gruppe. Köln: C. Richter.

WARTEGG, E. (1968), Der Wartegg-Zeichen-Test(WZT). Göttingen: Hogrefe, 2. Auflage.

WELLENDORF, E., Psychoanalytische Kunsttherapie. In: Petzold, H./Orth, I., Die neuen Kreativitätstherapien ... a.a.O., Band I, 1990.

dies., Gewalt in der Medizen. In: Pflörer, P.M.(Hrsg.), Gewalt - Warum. Der Mensch: Der Zerstörer und Gestalter, Olten: Walter, 1992.

WINNICOTT, D.W.(1971), Vom Spiel zur Kreativität. Stuttgart: E. Klett.

ZINGG, W./CHILUBNA, P., Zur Regression im bildnerischen Schaffen psychiatrischer Patienten. In: Zeitschrift für Klin. Psychologie, Psychopathologie und Psychotherapie, 38, 1990.

찾아보기

인 명

내 용

저자소개

Christa Henzler(1953년 출생)는 심리학을 공부하였으며, 스위스 취리히의 Jung 연구소에서 분석심리학을 수료하였다. 현재 독일 콘스탄츠에서 개인 클리닉의 심리치료사로 활동하고 있으며, Jung의 이론에 근거한 그림치료 세미나와 재교육 과정 연수를 지도하고 있다.

Ingrid Riedel(1935년 출생)은 두 개의 박사학위 소유자로서 콘스탄츠에서 개인 클리닉을 열어 심리치료사로 활동하고 있다. 취리히의 Jung 연구소에서 정신분석 강의를 하고 있으며, 프랑크푸르트 대학 종교심리학과 명예교수로서 후진을 양성하고 있다.

주요 저서로는 Engelder Wandlung(2000), Farben(1999), Maltherapie(1992), Bilder(1988), Formem(1985) 등이 있다.

역자소개

정여주

독일 쾰른 대학 교육학 석사와 박사 학위 취득(치료교육, 미술치료, 심리학 전공)

미술치료사 자격증, 몬테소리 국제교사 자격증

독일의 Fritz Perls 연구소와 뒤셀도르프 미술치료 양성교육협회에서 미술치료, 게슈탈트 치료, 통합치료 수료

미국 시카고 일리노이 대학 미술치료과정 참가

원광대학교 보건환경대학원 미술치료학과 교수 역임

동국대학교 문화예술대학원 미술치료학과 출강

현재 서울여자대학교 특수치료전문대학원 표현예술치료학과 교수

저서 『만다라와 미술치료』(학지사), 『미술치료의 이해』(학지사)

『상호작용놀이를 통한 집단상담』(공저, 학지사)

역서 『그림속의 나』(공역, 학지사)

『루돌프 슈타이너의 인지학 예술치료 실제』(공역, 학지사)

『미술치료』(학지사), 『색의 신비』(학지사)

『운동교육학』(서울장애인종합복지관)

역자와의
협약으로
인지생략

치유로서의 그림

사별의 슬픔을 극복한 창조적 그림그리기

Malen um zu überleben

2006년 1월 5일 1판 1쇄 인쇄
2006년 1월 10일 1판 1쇄 발행

지은이 • Christa Henzler · Ingrid Riedel
옮긴이 • 정여주
펴낸이 • 김진환
펴낸곳 • 학지사
121-837 서울시 마포구 서교동 352-29 마인드월드빌딩 5층
대표전화 • 02-326-1500 / 팩스 • 02-324-2345
등록 • 1992년 2월 19일 제2-1329호
홈페이지 www.hakjisa.co.kr

ISBN 89-5891-207-3 93180
가격 14,000원

잘못된 책은 구입처에서 교환하여 드립니다.